児童自立支援施設の実践理論 [改訂版]

岩本 健一
Kenichi Iwamoto

関西学院大学出版会

児童自立支援施設の実践理論
[改訂版]

岩本 健一

ロバの「トモザブロー」
2003年から二年間、鈴鹿寮の一員であったが、鳴き声がうるさいのと、たびたび脱走するのとで、やむなく手放した。今は、淡路島の「イングランドの丘」という農業公園で暮らしている。

改訂版へのまえがき

　拙著「児童自立支援施設の実践理論」が2003年3月に出版されてから、早や4年が経過した。その間、児童自立支援施設関係者のみならず、多くの読者の方々のお蔭をもって、このたび再版するに至ったことは、真に感謝の念に耐えない。この4年のあいだには、2004年に児童福祉法が再度改正され児童相談を市町村の業務として法律上明確にしたことや、2005年に発達障害者支援法が施行され「発達障害」という概念が日常化されるなど、子どもを取り巻く状況が少なからず変化してきた。したがって本書では、初版を補足する形で、改訂版として改めて世に問うものである。

　本書における筆者の意図は、児童自立支援施設の実践を理論化することによって、その役割を明確にし、この施設の有効な利用を求めるものである。しかし、対象となる子どもを拡大することは、他の児童福祉施設との整合性を欠き、この施設自身の存在を危うくする。それゆえ本書においては、歴史的経緯を踏まえたうえで、この施設の専門性を明らかにし、よって適正な措置を促すものである。

　第一章では、感化院から教護院までの歴史を概観する。明治時代に創設された留岡幸助の家庭学校が児童自立支援施設の基盤となっている。もともと私的にはじめられた感化事業が、感化法制定（1900年）によって地方行政に委ねられることとなった。そこには、非行少年を罰するのではなく、保護するという立場が一貫して現在に至るまで貫かれている。

　第二章では、なぜ教護院が児童自立支援施設に改革せざるを得なかったのかについて、述べる。筆者は、「不良性の除去」という教護院の目的こそ、教護院が消滅に至った本質的な問題性であると考える。「不良性の除去」という目的が、戦後の特殊な社会情勢を背景に設定されたため、本来この施設の目的であった「独立自営」の視点を失うことになってしまった。そのため「治療教育」に特化し、環境への働きかけをなさずに子どもの「人

格改造」に専念する結果となってしまったからである。それゆえ、親の養育機能についてはさほど問われることはなかった。しかし現代、児童虐待として親の養育機能の不全化を問うとき、そこには特定の世代に共通する不全化の要素があることが分かった。今回の改訂版では、「虐待に関係する世代のライフサイクル」として、新しく記述している。

　第三章では、児童自立支援施設の対象を、改めて「問題行動を起こす子ども」と措定し、その子どもたちの「自立」とは何かを考える。今回は、より具体的に一児童自立支援施設を例にとって、入所してくる経路や日課などの説明を加えた。さらに、発達障害児の援助についても記した。

　現代の大衆消費社会において「自立」とは、「欲望の自立」のことであり、それがゆえ個人は「消費の主体」としかなり得ない。「主体」として奉られる無垢な消費者は、結局企業の「援助者」に過ぎないということに気がつかねばならない。したがって、児童自立支援施設における子どもの「自立」とは、みずからの判断によって行動できるようになり、よって階層移動を可能とする「職業的自立」であると考える。そのためには、援助者との信頼関係が前提となる。それは、判断を含む自己統制力は、大人との深い信頼関係によってもたらされた規範の内面規制だからである。

　したがって、児童自立支援施設は、子どもの自己統制力を育むために、信頼関係の構築を目指す。信頼関係を構築する要件は、まず、子ども自身の心理的受容要件としての「情緒の安定を図る」ことが挙げられる。つぎに、良好な人間関係を築くための、「所属集団の凝集を高める」ことが挙げられる。さらに、子どもと環境との作用の機会としての「プログラムを活用する」ことである。これらの三つの実践を通じて信頼関係が構築され、そして自己統制力が育成されるのである。

　第四章から六章において、信頼関係を構築するための援助方法について述べる。

　終章では、2004年の児童福祉法の改正と、2005年の厚生労働省の「児童自立支援施設のあり方に関する研究会」の報告書について、若干の解説を加筆した。

改訂版へのまえがき

　児童自立支援施設の援助技術は、人間相手であるがゆえ、微妙なニュアンスを他の援助者に伝えることが難しく、援助者個人の名人芸にとどまっている。筆者の思いは、個人的な援助技術を言説化し理論づけることによって、児童自立支援施設全体の援助技術を理論化するその端緒となりたいということである。

　1998年の児童福祉法の改正により児童自立支援施設に変わって、すでに9年たった。児童自立支援施設は「問題行動を起こす子ども」を対象にしている。「問題行動を起こす」に至った原因は、家庭をはじめとする環境によるところが大きい。そうした子どもたちが、健全な環境の下で生活することによって規範意識を育んでいく、というのがこの施設の存在の趣意である。そこには、健全な環境がないならそれを与えてあげましょうという「贈与関係」によって子どもとの関係が成り立っていた。本人が望むと望まないに係わらず、「行ってみれば分かるよ。きっと君の将来の役に立つよ。」と児童相談所のケースワーカーが子どもを説得したように、まさにふたを開けてみなければ分からない「プレゼント」だったのだ。しかし、この施設は児童福祉施設であるがゆえ、子どもに勝手に「贈与」するのではなく、子どもが納得するように「契約」を結びなさいと、つまりそういうことになったのである。

　しかし、以前なら明らかに児童相談所の措置によって入所したであろう「問題行動を起こす」子どもが、家庭裁判所の審判によって送致されてくるようになった。家庭裁判所は、檻や柵がなく懲罰の手段の乏しい、児童自立支援施設に適応できる子どもという、子どもを送致するに当たっての配慮はしてくれていると思う。ところが、2003年に12歳の子どもが4歳の子どもを屋上から突き落として死なせてしまうという、いわゆる長崎男児誘拐殺害事件が起こった。現在の法律では、14歳未満の子どもは決して少年院に送致されることはない。すべての子どもを児童自立支援施設が面倒を見るのである。したがってこの子どもは国立武蔵野学院に送致された。これには多くの疑問の声が上がった。児童自立支援施設で殺人を犯すような重篤な子どもを見られるのかと。児童自立支援施設としては、この

子を社会的自立させるまでのプログラムを提供できる、と断言する。しかし、論点はそこではなく、殺人という罪を犯した罰として児童自立支援施設送致では軽いのではないかということだ。要するに、ここにはすでに「契約」の考えが入っている。この罪に対してはこの程度の罰、というふうに。だから、14歳未満でも少年院に送致できるように、少年法は改正されようとしている[1]。それはそれで、重大事件に関しては世間の納得を得やすいと思う。

　しかしながら、多くの「問題行動を起こす」子どもたちは、世間の耳目を賑わすような罪を犯したわけではない。背景としてあるのは、家庭環境の貧しさである。とりわけ今の親年代は80年代に校内暴力で荒れる学校を経験した人たちである。そのころ偏差値で輪切りにされた底辺の子どもたちは自分の行く末に絶望し、鬱憤を学校にぶつけた。しかも、卒業後定職があるわけでなく、刹那的に享楽に耽るしかなかった。そうした子どもが今親になって自分の子どもに何を伝えることができよう。学園の子どもと暮らしていて感じることは、どの子も自己中心的で短絡的だということだ。人に対する思いやりにかけ、気に入らないとすぐに感情が暴発してしまう。学園の子どもたちの育ちを知っては、この子たちの問題行動の蓋然性を疑うべくもない。何も知らない、何も教えてもらっていない。子どもの権利擁護で目指すところは、子どもが自ら意思表明をし、自己決定が出来る環境を整えることである。けれども、「問題行動を起こす」子どもたちは意思表明できるほどの自己を持たない。家庭環境の貧しさゆえ、判断材料としての「経験」が非常に乏しいからである。だから、選択を迫られたとき、現状を肯定する以外道はない。それゆえ子どもたちが、審判の結果を受け入れることがあっても、自ら施設に入所するという決断を下すことができようか、できない。やはり、誰かに背中をそっと押してもらわなければいけないのである。子どもが納得するような「契約」は児童相談所のケースワーカーの力量にかかっているとはいえ、子どもが自己決定権を盾に取れば、施設入所に同意することはまずない。「契約」とは、いやなら来なくていいだけのことである。「いいよ、いいよ、いやなら施設に行

かなくていいよ」と言いながら、審判で少年院に送致して、子どもの人生に×印の烙印を押すことが、本当に福祉のすることなのだろうか。この子たちがさらに不良行為に走って人生を持ち崩す前に、「施設に入りなさい」とそっと背中を押すことは、前近代的だと否定されるべきものだろうか。私は決してそうだとは思わない。

　「贈与」は一方的であるがゆえ、気に入ってもらえる「中味」を用意しなければならない。児童自立支援施設は、子どもが自己決定できるための長年培ってきた援助システムを再検証し、更なる援助プログラムを構築すべく努力している。私たちは、すさんだ環境の中で自分を持てないでいる多くの子どもたちに、ぜひ「児童自立支援施設」をプレゼントしたいと思っている。

[注・引用文献]

1)　2007年5月25日、第166回国会において改正少年法が成立した。それによると、少年院送致の年齢下限が14歳以上から「おおむね12歳以上」に引き下げられる。政府は「おおむね」の幅について「1歳程度」とし、家庭裁判所の判断次第では、小学5年生でも少年院に送致されることになる。
　　また、刑事責任を問えない14歳未満の事件に対して「調査」の権限が警察にあることが条文化された。これまでも事情聴取などの調べが行われてきたが、あくまで任意で法律上の根拠が明確でなかった。今後は、少年や保護者を呼び出して質問できるほか、証拠物の押収や捜索、現場検証なども行うことができる。

児童作品

目　次

改訂版へのまえがき……………………………………………………… 3

序章　実践の理論化 ……………………………………………………11

第一章　児童自立支援施設の歴史的経緯……………………………17
　　第一節　感化法の制定以前
　　第二節　感化法の施行
　　第三節　少年法および矯正院法施行
　　第四節　少年教護法施行
　　第五節　教護院への移行

第二章　教護院消滅の理由 ……………………………………………35
　　第一節　入所児童数の減少という教護院へのクレイム
　　　　ア）スティグマ性
　　　　イ）閉鎖的施設
　　　　ウ）家庭の養育機能の低下等による新たなニーズへの対応が不十分
　　　　エ）準ずる教育
　　第二節　不良性の除去
　　第三節　養育の「構造的」分析から「機能的」分析へ
　　第四節　虐待に関係する世代のライフサイクル

第三章　児童自立支援施設の機能 ……………………………………67
　　第一節　対象となる子ども
　　第二節　学園に入ってくる子ども
　　第三節　発達障害児と暮らす
　　第四節　信頼関係の構築
　　第五節　自立の支援

第四章　実践Ⅰ──情緒の安定 ………………………………………89
　　第一節　一貫したメッセージの発信
　　第二節　指示的で強いる援助
　　第三節　「with の精神」
　　第四節　形成化
　　第五節　「遊び」による動機付け

第五章　実践Ⅱ──集団の凝集 …………………………………… 103
　　　第一節　グループワークの実践
　　　第二節　小舎夫婦制
　　　第三節　集団援助の意義
　　　第四節　ルールの設定と運用
　　　第五節　分配の公平性
　　　第六節　団欒
　　　第七節　「場」の提供
　　　第八節　遊びの集団力学

第六章　実践Ⅲ──プログラム …………………………………… 131
　　　第一節　指導の三本柱
　　　第二節　非日常体験
　　　第三節　内なる自然
　　　第四節　技能の習得

終章　今後の課題 ………………………………………………… 147

参考文献一覧 ……………………………………………………… 156

索　引 ……………………………………………………………… 160

序　章　実践の理論化

　そもそも本書を著したいと思った動機は、実践の科学化[1]と言うべき、援助技術の理論化を図ることであった。1900年からの感化院に端を発する教護院が、入所児童の減少という現実の前に改革を余儀なくされ、1998年児童自立支援施設になった。しかし、現場の実践は伝統ともいうべき、高い援助技術を有している。ところが、そのことは一般には理解されることなく、施設の側の問題点ばかり強調されてしまった。それに対して、児童自立支援施設はそのレトリックに釈然としないものの、自分達の援助技術をうまく言語化できないため、大勢に従うしか方法がないという窮地に追い込まれている。そこで筆者は、この施設のあるべき姿としての、実践の理論化を試みたのであった。

　はじめは、児童自立支援施設の前身である教護院が消滅した理由を探るにあたって、内部の人間であるが故、その理由を外部にのみ求めようとした。そして、現代の社会システムが大衆消費社会という「個人」の欲望に根付いたシステムであることが、施設にありがちな「枠にはめる」援助方法を否定する根源であるのではないかということに思い至った。それは一面ではその通りではあるが、しかし、社会システムを否定するだけではこの施設の存在価値は示しえない。大衆消費社会という世の中であるからという時代性の側面と、大衆消費社会という世の中であってもという普遍性の側面の二面性を捉えなければ、児童自立支援施設の存在価値は抽出できないのである。それゆえ、まず、大衆消費社会という現代システムの中においても変わることのないこの施設の存在価値とは何か、という切り口で

論じてみたい。それは、まさに百年続いたこの施設の普遍的価値である。そして、しかるのち、現代社会と児童自立支援施設とのマッチングを試みてみたい。

　この施設は、非行少年という問題行動を起こした子どもを対象としている。問題行動とは、たとえば食うがための万引きのような生活型のものから、スリルを楽しまんとせんがための遊び型に変化したといわれるような、その類型を追って論じるつもりは毛頭ない。問題行動の類型は、その時代における「問題とすべきもの」を対象としたものに過ぎないからである。どの時代においても、問題行動を起こす子どもには共通した特性が見られる。それは、情緒が不安定であることである。そのため、問題行動の表出の形が異なるだけで、どの子どもも問題行動を表出する道筋を必ず通ってしまうのである。

　ではなぜ子どもが、情緒が不安定なまま育っていくのであろう。基本的には、親のしつけが不十分であるからである。親のしつけの不十分さとは、単に生活習慣を身につけていないだけの子どもにとどまらず、明らかに情緒の不安定さを示す。それは、親の子どもに対するかかわりが統一性を持ったものでないからである。ベイトソン（Bateson, G.）はそのことをダブルバインドと呼ぶ。こうしたしつけができない親の存在は、戦前には貧困や階層と結び付けて述べられていた。感化院は、「遺棄少年」や「要扶養少年」を対象としたことから、その当時から家庭の問題性に着目していたのである。現代もまた、家庭の問題性に着目している。しかし、貧困や階層といった経済問題としての捉え方ではなく、虐待という視点で家族の関係性を問題にしている。

　戦後、教護院は「不良性の除去」という目的のもと、子どもへの治療教育を主眼に据えていた。それは、終戦以後の価値観の転換によって混乱に陥った子どもを直接対象とする必要があったからである。高度成長期に教護院の入所児童数がピークを迎えたのは、価値観の混乱がピークに達したからである。そして今その頃の子どもたちが、親の年代になっている。現代、児童虐待という捉え方で親を告発するやり方は、親の価値観に警鐘を

第一章　児童自立支援施設の歴史的経緯

第一節　感化法の制定以前

　1900（明治33）年2月23日、感化法が第14回帝国議会において可決し、同年3月9日に公布された。「感化法制定を源とする児童自立支援事業が100周年を迎えました。」[1]と全国児童自立支援施設協議会会長・久保繁（兵庫県立明石学園長）が記念誌の巻頭言で述べているように、このことは児童自立支援施設の現場の自負として受け止められている。田澤薫によれば、今日の児童福祉の分野で明治期から法制度が整えられていたのは、非行児童教護の領域のみである[2]。したがって、いわゆる非行児童を主な対象とするこの領域は、第二次世界大戦以前の児童保護においては自ずと主をしめていた。そのため児童自立支援事業は、今日の児童福祉の原型とも称される[3]。

感化院設立にいたる機運

　非行少年や少年犯罪者を感化し教育するという考え方は、明治維新以降、西洋の近代的な行刑論とともに移入されたものである。もちろん江戸時代、石門心学や松平定信の創設した石川島人足寄場等でその小規模なものはあったけれども、本格的な法理論体系としては存在しなかった[4]。

　成立したばかりの明治政府の急務は、欧米諸国と対等に外交するための法制度の整備であった。諸外国との関連の深い分野での法整備、すなわち刑法や行刑施設の創生は、幕府時代の不平等な条約の改正のためには不可

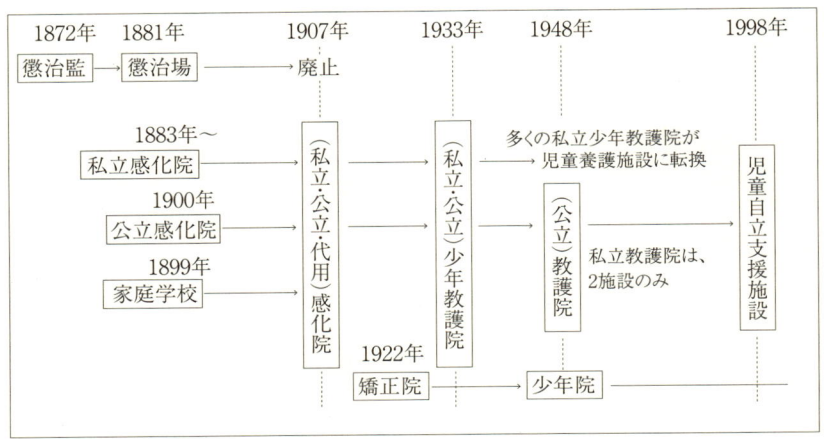

図1-1　児童自立支援施設と関連する施設の系譜

全国57教護院のうち、私立（法人）の教護院は、北海道家庭学校と横浜家庭学園の2施設のみであり、それは児童自立支援施設になっても変わらず、他は公立（国立2・都道府県立49・政令指定都市立4）であった。その後、2003年に大阪府立子どもライフサポートセンターが新設され、現在の児童自立支援施設は58施設である。

欠であった。このため欧米の法律研究が進み、フランス法を参考に、1872（明治5）年「監獄則」が制定された。そのなかで「懲治監」の設置が規定され（1881年「懲治場」と改められた）、それには成人犯罪者とは別に、20歳以下の犯罪者や親から願い出のあった非行少年を収容するという方針がとられた。ところが、刑罰を受けた少年犯罪者と、懲治のために入れた非行少年との分離処遇が徹底していない制度であって、実際には運営主体となる各府県の財政負担の過重などから、機能しなかった。このように、感化法以前の非行少年処遇システムは、少年犯罪者処遇の嚆矢として評価できるものの、あくまでも刑事処分の範疇のなかであり、保護を念頭においたものではなかった。

しかし、一方で、保護を前提とした非行少年処遇システムの研究も進められた。1880（明治13）年、内務省監獄局で監獄則の改正担当であった阪部寔は、かねてからの監獄局内での検討に加えて、内務省の欧米視察団

から各国のリフォーマトリー制度の現状を聞き、日本にもこの種の施設を設置すべきであることを強く意識するようになっていた。阪部のリフォーマトリー施設設立の動きは、「懲矯院設立構想」として、8歳以上20歳以下の幼少年を対象に、入所児たちに読書、習字、算術、工、農を教え、その運営費は「矯正者の作業益金と父兄親戚の弁納金」でまかなうものとし、規模は300名と大きなものを想定していた。

霊南坂教会牧師・小崎弘道は1880（明治13）年、『六合雑誌』に「懲矯院ヲ設ケザル可ラザルノ議」を発表し、感化事業の必要性を説いた。その論文の中で「懲治監ナル者アリテ、孜々之レガ化育ヲ謀レドモ、犯罪人ココニ老賊宿囚ト雑居スルヲ以テ常ニ其悪習ニ感染シテ、卒ニ反正ノ機ヲ得ルナシ」と懲治監制度を批判し、「故ニ今之ヲ救済セント欲セバ、即チ宜シク教法ヲ弘布シテ以テ人民ヲ教化スルニ在ルベシト雖ドモ、若シ急カニ之レガ救済ヲ謀ラント欲セバ、即チ唯タ懲矯院ヲ設起スルノ一事アルノミ矣」と懲矯院の必要性を説いたのである。またドイツのヴィヘルン（ラウエス・ハウス）やフランスのメットレイ、あるいは「家族制度」についても紹介している。

1881（明治14）年5月、阪部、小崎、加藤九郎、中村正直らが委員となって「懲矯院設立委員会」が設置され、そのなかで「懲矯院」という名称を「感化院」へと改称して進められていくことになった。「感化」という用語については、生江孝之が指摘するように、中国の易経や後漢書などのなかに使用されている。しかし、一般的な用語として使用したのは、中村正直がスマイルズ（Smiles, S.）の「自助論」を翻訳した際に、influence＝感化と訳したのが最初である。欧米のリフォーマトリー事業の分野でも、この感化に対応するinfluenceの単語は多用されており、留岡幸助が多大な影響を受けた著書であるワインズ（Wines, E. C.）の『The State of Prisons and of Child-Saving Institutions in the Civilized World』においても「reformatory influence」という語が見受けられる。[7]

同年9月、阪部寔と加藤九郎は、感化院設立についての願書を東京府に提出したが、実現しなかった。それには、阪部自身が兵庫仮留監の典獄と

して転任したことや、資金面での都合がつかなかったことなどによる。しかし、この時代にこうした運動が起こったことは注目すべきことである。ちなみに更生保護の父・原胤昭は阪部寯に対し、「阪部君は同胞人中に在て監獄制度の改良に不良少年感化院の設立に最も早くより注目し実行せられたる人」として賛辞を送っている[8]。

　感化法制定に至るまで、感化事業は私的・個別的に始まった。

　1883（明治16）年、池上雪枝（大成教教導職）の「神道祈祷所」（大阪）、85年の高瀬真卿（教誨師）による「私立予備感化院」（後の東京感化院）、86年に服部元良（僧侶）らによる「千葉感化院」（後の成田山感化院）、さらに千輪性海（僧侶・教誨師）の「岡山感化院」（88年）、小野勝彬（監獄署典獄）による「京都感化保護院」（89年）、等が相次いで設立される。しかし、これら感化院に対しては未だ明確な理論体系、近代的処遇・思想が存在していたわけではない。たとえば日本最初の感化院と評される池上のものは、その精神に神道があり、1888年頃には資金難から「閉鎖の同様の状態」となり彼女も91年5月に亡くなっている。また高瀬の感化院はフランスのメットレイ感化院を模倣したとはいえ、午前1時間の教誨と夜間3時間の学科時間を定めたほか、日中のほとんどを労働に従事させ、施設の周囲に逃走防止の高塀と見張を備え、社会と隔離した。

家庭学校の創設

　そうした状況の中、1899（明治32）年11月23日、留岡幸助が巣鴨家庭学校を創設するに至る。留岡の感化教育の特徴は、「独立自営」として集約される。それは、刑罰思想と一線を画す、「慈善」思想の体現であった。つまり留岡は、「犯罪者の惨憺たる境遇を転換して之を教え、できるだけ普通の人と同一の立場に置き、同一なる生活を為しめ、他の人びとの如く工芸的習慣を養成せしめなば、彼れ犯罪者は多くの場合に於て、普通人民の如くならん」[9]とのべ、犯罪者や非行少年は、教育によって「普通人民の如く」になり得、社会の厄介ものではなく独立自営の有用な存在になると説いた。

教頭の小塩高恒は創設当時のことを「敷地の中に一軒の茅屋があり、そこに留岡の家族が移転し、一名の教師（上野他七郎）を招聘して教育上の調査をさせ、11月23日に一名の少年を収容した。当然、校舎もなく、広い栗林の中にただ一軒の茅屋、すなわち留岡校長の住宅があったのみで、生徒も教員も留岡も家族同様に、起居をともにし、学び、働いていた。当初、学校というのは未だ名前だけであって、何らの組織もない状況であった。」と述べている[10]。少人数から始めて、生徒や教師を少しずつ増やすようにしたのは、「以前養鶏をやっていた時に一度に沢山飼い過ぎて猫や狐に食われたり、疫病が発生したりして、結局事業に失敗した」という地主の山本忠次郎の忠告を受けたからである[11]。1902（明治35）年には24名が在園している[12]。

　留岡幸助は、1864（元治元）年、備中高梁（岡山県高梁市）で生れ、同志社で学んだ。在学中に、社会には二つの暗黒——すなわち遊郭と監獄——が存在することを知った。「わたしは基督教の光を以て、其二大暗黒面を照らすのに必要を認め、二者のいずれを選びて畢生の事業と為すべきかに就いて種々考慮する処あり、終に身を以て監獄改良に当るべき決心を為し」と後日回想しているように、監獄改良指導者である「ジョン・ハワード伝」を友人の岡本彦太郎に借りて読んだことが契機になり、この時期に監獄問題に接する機会を得た。卒業後、北海道空知集治監教誨師に就くが、その時代に感化事業への発心を持つ。すなわち、多くの犯罪者と直接面談し、犯罪の根底には少年期の教育や家庭の問題が起因しているという認識、また犯罪者は教育によって更正できうるという信念である。その実地体験とワインズの書物からの影響によって監獄改良事業の目的のひとつは感化事業であると認識するにいたった。そして米国に渡り、当地の監獄視察、とりわけ親炙するブロックウェー（Brockway, Z. R.）のいるエルマイラ感化監獄での体験でそれを確信し、米国の州立感化院をも視察し、監獄改良にとどまらず、日本にも少年非行、犯罪を矯正する施設、「感化院」を創設する大望をもって帰国したのである[13]。そして1897（明治30）年、『感化事業之発達』を上梓する。

その中で留岡は、「英国にある二種の感化院」について記述している。それによると「其一を感化院といひ他を工芸院という、感化院に於ては犯罪少年を拘禁し、工芸院には則ち普通悪少年の将来危険の恐れあるものを置けり、或特別の場合を除くの外、裁判所より工芸院に悪少年を護送すること極めて罕なり[14]」。感化院ないし感化学校という名称は欧米では、官立の拘禁力を持つ施設のことを指し、民間の開放施設は、処遇方法から言えば「工芸学校」、処遇形態から言えば「家庭学校」という名称を冠した。日本では「感化法」という法律と、「感化院」という施設名称から、欧米の官立の拘禁力を持つ施設と混同されて捉えられている嫌いがある。六合雑誌229号（明治33年）によると、留岡幸助氏の学校は欧州の「ホーム・スクール」の制に習ひしものにて…六個の家屋を建て、一家屋毎に悪少年感化に経験ある夫婦と悪少年十名を住ましめ、之に精神上の教育を施し同時に農業活版業等を習熟せしむる組織なり[15]とある。まさに、留岡がその人道的（ヒューマニチー）見地から目指したものは「家庭学校」（ホーム・スクール）そのものであった。

　このように、日本の感化教育においては民間の事業が先行し、あとから法制度が整備された。その法制度も大まかなものであったため、実際上、日本の感化教育が確立したのは、みずから民間施設を経営し内務省嘱託として行政にも関与していた留岡によるところが大きい[16]。留岡の偉業は、「子どもの自立支援を貫く万古不易の精神[17]」として、今日の児童自立支援施設に受け継がれている。

第二節　感化法の施行

　1900（明治33）年3月9日、感化法が公布され、府県に感化院が設置されることになる。感化法案は内務省監獄局長・大久保利武のもとで、内務省参事官・窪田静太郎、内務省監獄局獄務課長・小河滋次郎らによって起草された[18]。これについて直接の起草者とされる小河滋次郎は、「感化教

表 1-2　各国感化施設の成立年

1788 年	倫敦慈善協会（英）
1806 年	監獄学校、授職学校（英）
1818 年	ニューヨーク貧困防止協会（避罪院）（米）
1826 年	ボストン市立 House of Industry（米）
1833 年	ラウエス・ハウス（独）
1838 年	バルクホルスト、ワイト島官立感化院（英）
1839 年	メットレイ感化院（仏）
1847 年	ライマン・スクール（米）
1849 年	レッド・ヒル感化院（英）
1877 年	エルマイラ感化監獄（米）
1884 年	池上雪枝の神道祈祷所（日）
1885 年	高瀬真卿による私立予備感化院（日）
1899 年	巣鴨家庭学校（日）
1910 年	滋賀県立淡海学園（日）
1919 年	国立武蔵野学院（日）

育は処分に非ずして恩恵なり。純然たる保護的教育行政の性質を有するものなるが故に司法官憲をして之に関与せしめること頗る不穏当なりと謂うべし[19]」と、国家が施す恩恵としての「保護」を強調している。

感化法第 11 条において、

感化院長ハ在院者及仮退院者ニ対シ親権ヲ行フ（傍点引用者）

と定めている。

ここでいう親権とは、国が親代わりになるいわゆる「国親思想」（parens patriae）である。この理念はもともとイギリスの司法における、親を無くした財産のある未成年者の後見を意味していたのだが、それが 19 世紀末のアメリカで少年司法の場面に転用して使用されるようになった。1899 年の「イリノイ少年裁判所法」では「本法によって子どもに与

えられる世話、監護およびしつけは、実の親によって与えられるはずであったところのものに最大限近づかなければならない」と明示している。19世紀末には資本主義的な産業構造の発展にともない、子どもたちは少なからず、成人と同様の厳しい条件下で労働搾取の対象になっていた。両親の離婚や死亡などによって仕方なく働き手になるケースのみならず、親自身の怠慢によって子どもが労働者にされるケースも出てくる。それはいわゆる非行少年とは別の、「遺棄少年」(neglected)や「要扶助少年」(dependent)という概念である。こうした子どもたちに対して国が親代わりとなって救いの手を差しのべて、しかるべき保護・養育を与えようというのが「国親思想」である[20]。それゆえ感化法は、それ以前の私的に行なわれていた感化教育を、国が制度として行なうように規定したものである。ところが実際には府県に設置を義務付けたものであり、「国親」というものの実態は「地方行政による保護」と解するべきであろう[21]。したがって今日の児童自立支援施設もまた法によって都道府県に設置義務を有すること[22]から、冒頭の久保の発言「感化法制定を源とする児童自立支援事業」とは、「地方行政による保護の系譜」に意味を持つのである。

　感化法の対象となる者は、

①満8歳以上16歳未満のもので適当な親権者、後見人がなく、遊蕩や乞食をなし「悪交あり」と地方長官が認めたもの
②懲治場留置の言渡を受けた幼者
③裁判所により懲戒場に入る者

と定められた。ここには「犯罪少年」だけにとどまらず、「遺棄少年」と「要扶養少年」を対象にしている。児童自立支援施設は、このように感化院時代より、「家庭の養育機能の低下」というニーズを視野に入れていたのである。

　感化法施行規則は留岡の草案によるとされる[23]。そのため、感化法施行規則においても、家庭学校の教育を念頭においたものとなっている。

感化法施行規則第五条には、

在院者ニハ独立自営ニ必要ナル教育ヲ施シ実業ヲ練習セシメ女子ニ在テハ家事裁縫ヲ修習セシムベシ

とあるように、その目的は「独立自営」であり、具体的で実利的な内容を求めている。

留岡は、「感化事業を以て純然たる教育事業なりと信ずる」ゆえに「之を視学官の監督下に置くべし」と、感化院を学校教育制度と結びつける考えを持っていた。しかし、内務省は、感化院児は「迚モ学校ニ行クヤウナ種類ノ奴デハナイ」として文部省所管案を退けながら、感化教育を学校教育に委ねる考えのないことを示した。こうして感化院の学習指導は学校教育とは違う固有の理念と指導論理を自ら培っていった。[24]

ところが、感化法が制定されても、懲治場の制度は依然として存在し、非行少年の処遇は感化法によるものと、従来の監獄則によるものとが両立することとなり、この状態は1907年の新刑法の公布まで続いた。1900年感化法をきっかけに生れた感化院は、神奈川県、秋田県、東京市、埼玉県、大阪府のわずか五箇所であった。全国のほとんどの感化院は、この感化法成立によってではなく、1907（明治40）年11月の新刑法（懲治場の廃止）施行に伴う感化法第一次改正（感化院への国庫補助）を待って、初めて誕生しているのである。

すなわち、感化法は道府県に対して感化院設置を義務付け、設置・維持については国庫補助されるようになったこと、また14歳未満の非行少年に対しての保護・教育は感化院で行なわなければならないとした。このため感化事業が急速に全国的に発展し、1908年に10県、1909年には24県、1910年には4県で感化院が設置され、1915（大正4）年、沖縄に球陽学園成立を最後として全国府県に感化院は51施設となった。当時、感化院は公立、私立、代用の三種類があったが、代用とは「私立の施設を内務大臣の認可を得て、法による感化院に代用したもの」のことである。[25]

1917（大正6）年、内務省は「国立感化院令」を公布し、14歳以上の「性状特ニ不良」の者で内務大臣が特にその必要を認めた者を収容することにした。同令によって1919（大正8）年国立武蔵野学院が設立され、調査研究や職員養成の任務も課せられることになる。

第三節　少年法および矯正院法施行

　感化院の全国的普及により非行少年に対する保護組織は一応確立されたのであるが、感化院の機構は弱体であり、「懲治場収容相当者を感化院で引き受けるほどの条件を満たすものではなく、未成年犯罪者数は増加の一途をたどった[26]」。特に第一次世界大戦後少年犯罪が激増し、こうした状況において、司法省は1922（大正11）年に「少年法」及び「矯正院法」を成立させた。

　兵庫県立土山学園長・池田千年は「少年法が法律に成って出るまでに、われわれ感化教育当事者は感化教育は児童保護法の発令を期待して其内で教育的施設を完備せしめて効果を挙ぐべく少年法の成立に反対したのでありましたが、我等の努力が足らなかった為日本の世論が少年法を成立せしめた今日に於ては少年法との関係を明らかにし、出来るだけ感化教育の実効を挙げたいものでありますが実際少年法を施行されて見ると種々の疑問が起こります。[27]」と少年法を成立させた感化教育界の無念さを述べるとともに、感化法と少年法との整合性について疑問を投げかけている。

　この法律によると、18歳未満を少年とし、検事が刑事処分（刑罰）にするか保護処分にするかを振り分け（検察官先議）、保護処分が適当と判断された時には、「少年審判所」という行政機関が審判を行なうこととした。少年審判官は、判事や検事から任用され、少年保護司に命じて少年の資質や環境を調査させるほか、処分の執行と監督もすることができた。また少年保護司は、自分が調査した少年の観察に従事することもできた。[28]

　このことに対して大阪府社会課長の大谷繁次郎が、「刑事処分は刑事政

策に属するものであろうが、保護処分は全く社会事業の系統に属すべきものである。したがってその実行機関として別に設置せられたる『少年審判所』は法に於いては司法大臣に直属しているものの、その本質は全く社会事業であり、その方法の如きも、感化法が期待しているところとその根本精神に於いて何等相違を見ないのである。」[29]と述べているように、保護処分の実行機関としての感化院の役割を強調している。

小河滋次郎は、この法律に対し、「無理解なる不良少年急増の叫びに饗応して起つたものが少年法であり、如何にもして急速に不良少年を制圧し尽くさんと焦燥つた愚かなる世人の要求に迎合してできたものが矯正院である」[30]と述べ、感化教育が司法省の少年法体制の中に組み込まれることを危惧した。さらに、「全体から言えば、感化法を改善して、少年を導くべきものであって、司法の所轄として、刑事政策を以て之に臨み、是は悪人の卵であるとも言うべき、即悪人たる刻印を打つが如きは、彼等が将来働く手足を奪うの結果となる。前途ある人間の将来世に出るの邪魔になるばかりである。これには温情を以て、彼らの前途を開いてやらねばならない。そして斎しく陛下の赤子に対する国家の有難い精神を以て臨む感化法によりたい」[31]と述べ、刑事処分はスティグマを生むことと、国親思想を根拠とする感化法による指導を望んだ。

これに即応して同年、感化法も第二回目の改正がなされ、14歳以上を少年法で、14歳未満を感化法で取り扱うこととなった。この時以来、「わが国の非行少年対策は、行政系統と司法系統の二本立て」[32]となったのである。が実際は、14歳未満の少年も少年法及び感化法によって同様の処置がとられ、また14歳以上の者は感化法によって保護される者もあれば、少年法によって保護される者もある。制度のうえでは確然と区分され理論はともかく、現実において保護上の錯綜と混乱は必然に発生せざるを得ない状態」[33]という結果になった。

第四節　少年教護法施行

　京都府立淇陽学校長・田中籐左衛門が「本（感化）法は今を距る約三十年の昔に制定され其間一二の改正を見たると雖も現時の大勢に鑑み大に改正すべきの箇所あり。目下感化院収容児童は全国僅かに二千人、以て感化教育の不振を痛感せしめらるるの時到底黙過すべからざるなり」[34]（括弧内引用者）というように、感化院内部から入所者数の低迷を背景に改正の声が上がるようになった。

　1927（昭和2）年、社会事業調査会は「改正感化法案要綱」を答申したが、政府が立法化に努力しなかったため、偶々第六十四回帝国議会に於て所謂議員提出案として「少年教護法」案が現はれ、貴衆両院に於て夫々修正を受けたが結局両院の協賛を経て同法の制定公布となり[35]、1934（昭和9）年10月10日施行となった。

　改正の要点は、
　①少年教護委員を選出して不良化防止と早期発見、保護観察に当たらせる
　②少年を保護処分にする前、必要に応じて一時保護の方法を講じる
　③少年の科学的審査のため、少年鑑別機関を設けることができる
　④退院者に対して尋常小学校の教科修了の学力認定をすることができる途を開いた
　⑤少年の保護処分に附せられたことを新聞に登載することを禁じた
　⑥少年教護院に対し国庫補助に途を開いたこと

である。少年教護法の施行によって、1936（昭和11）年度には、少年教護院は51、少年鑑別所は41教護院に付設され、少年教護委員も全国で9,344名が任命された。1938（昭和13）年には厚生省が新設され、児童課が設けられた。この年、初の関西少年教護院々長協議会が催され、その場で志村博厚生省事務官が次のように祝辞を述べている。「過般厚生省が新

設され児童課を設けられることになりました。児童課の仕事は母子保護法に関するもの、少年教護法に関するもの、児童虐待防止法に関するもの等であります。少年教護法は多年の歴史を有して居りますが現在わが国には二万五千の要保護児童ありと云われて居ります、既犯少年の保護のみならず、不徳に陥らんとする少年を未然に救うことが大切であります。」このことからも、少年教護法は不良化防止と早期発見に注力しようとしていたことが窺える。

　しかし、このような整備をみたにもかかわらず、少年鑑別所の活動もせいぜい心理テストを実施するような程度にとどまったり、少年教護委員も任命されたものの実効の伴わない有名無実のものであった。そこで少年教護院長会議では、少年教護法を改正して児童を強制的に収容し得るようにすること、少年鑑別所を施設外に設置して活動を活発にすること、少年教護委員の職務規定を明確にすること、国立少年教護院を増設することなどを当局に要望している。ところが、国立武蔵野学院の石原登が「十五の国立少年教護院増設の問題は省議を通過しているから事変が終われば実現する事と思う。それが出来れば一層理想（特別難度児の教護）が実現する事と思う」（傍点および括弧内引用者）と述べているように、1937（昭和12）年の日中戦争勃発以後、戦時色が強まり、懸案の事項は戦後に持ち越されることになった。

　少年教護法の対象とする少年の範囲については、第一条に「本法ニ於テ少年ト称スルハ十四歳ニ満タザル者ニシテ不良行為ヲ為シ又ハ不良行為ヲ為スノ虞アル者ヲ謂フ」と規定している。ところが本法附則第二項に「少年法ニ依ル保護処分ノ実施セラレザル地区ニ限リ第一条ノ年齢ハ之ヲ十八歳未満トス」とその例外を規定している。しかし1935（昭和10）年現在、少年法による少年審判所は東京・大阪・名古屋の三カ所、矯正院は多摩・浪速、瀬戸の三カ所に過ぎず、これら以外の多くの地方では、少年教護院は18歳未満の少年を対象としたのである。少年教護院の目的は、「少年教護院における教護は、在院者に対し監護養育を加え、道徳教育及び国民教育の基礎ならびに独立自営に必要なる知識技能を授け、その資質の改善向

上を図るを以て本旨」とする旨を規定すると共に、「特に在院者の性能に応じ、其の日常生活の訓練指導に留意すべき」旨を定めて通常の学校と異なり児童の座臥常住其の訓育を図るべき少年教護院の特質を明にした。[40]

第五節　教護院への移行

児童福祉法の施行

　戦後、政府は浮浪児対策を契機にして児童保護の問題を根本的に解決する必要性を痛感し、児童保護事業の強化徹底を図ろうとした。厚生省が示した法案要綱は、「保護を要する児童をその資質及び境遇に応じて保護する」という児童保護事業の法制案化であった。これに対して中央社会事業委員会は、政府の構想に根本的批判を加え、「厚生省原案の保護対策の主な範囲は、不良少年と被虐待児童とであって、要するに特殊の問題児童の範囲を出ない。」として児童保護法に反対し、「法の対象は全児童に及ぶよう構成せられることが必要である」として、児童福祉法案を答申した。[41]

　同法は、1948（昭和23）年、1月11日に施行され、これを機会に厚生省には児童局が設置された。同法施行と同時に少年教護法は廃止され、「少年教護院」は同法第44条の「教護院」となり、少年鑑別所は廃止され、その業務は新設の「児童相談所」に譲った。少年教護院時代に、教護指導と鑑別が一体となっていたものが、この時代に分離することになったのである。

　児童福祉施設最低基準八四条は、

教護院における生活指導、学科指導及び職業指導は、すべて児童の不良性を除くことを目的としなければならない（傍点引用者）

と規定しており、それは感化院、少年教護院を通じての理念「独立自営」との訣別であり、不良性の除去のための「治療」を志向したものとなった。

【注・引用文献】

1) 久保繁「児童自立支援事業100周年を迎えて」全国児童自立支援施設協議会編「児童自立支援事業100周年記念誌　百代に花開く」2000年。
2) 児童福祉法による対象としての「児童」は、戦前にはすべて「少年」と呼称されていた。また戦後においても、少年法の対象は「少年」である。本書では、時代背景と依拠する法律に従って「児童」と「少年」を区別して使用する。しかし、筆者が援助の対象として捉えるときには「子ども」と呼称している。
3) 田澤薫『留岡幸助と感化教育』勁草書房、1999年、2頁。
4) 室田保夫『留岡幸助の研究』不二出版、1998年、381頁。
5) 大阪府立子どもライフサポートセンターは、ひきこもり・不登校等の状態にある対人関係の苦手な中学卒業後の児童（18歳未満）に対して、入所または通所による集団生活を通して、社会的自立に向けた進路選択を支援する施設である。
　大阪府立子どもライフサポートセンターホームページ
　http://www.pref.osaka.jp/life-support/index.html
6) 児童自立支援施設の歴史については、全国児童自立支援施設協議会『児童自立支援施設運営ハンドブック』（三学出版、1999年）、室田保夫『留岡幸助の研究』（不二出版、1998年）、田澤薫『留岡幸助と感化教育』（勁草書房、1999年）等を主に参照した。
7) 長沼友兄「明治十年代の感化事業への胎動」全国教護院協議会編『非行問題』203号、1997年、76頁。
8) 室田保夫『留岡幸助の研究』不二出版、1998年、414頁。
9) 田澤薫、前掲、228頁。
10) 室田保夫、前掲、404頁。
11) 藤井常文『福祉の国を創った男　留岡幸助の生涯』法政出版、1992年、207頁。
12) 留岡幸助『家庭学校第二編』警醒社書店、1902年、52頁。
13) 室田保夫、前掲、384頁。
14) 留岡幸助『感化事業之発達』警醒社書店、1897年、47頁。
15) 森田満「ラウエスハウスの切手」全国教護院協議会編『非行問題』200号、1994年、149頁。
16) 留岡幸助『家庭学校』警醒社書店、1901年、24頁。
17) 全国児童自立支援施設協議会『児童自立支援施設運営ハンドブック』三学出版、1999年、55頁。
18) 室田保夫、前掲、434頁。

監獄局は 1900（明治 33）年 4 月 26 日の勅命で内務省から司法省へ移管された。
19) 倉持史朗「近代日本における『感化教育』思想の研究——小河滋次郎を中心として」同志社大学大学院修士論文、2000 年、41 頁。
20) 黒沼克史『少年法を問い直す』講談社、2000 年、102 頁。
21) 感化法（明治三三年法律第三七号）第一条「北海道及府県ニハ感化院ヲ設置スヘシ」
しかし附則第十四条に「本法施行ノ期日ハ府県会ノ決議ヲ経、地方長官ノ具申ニ依リ内務大臣之ヲ定ム」とあり、府県は財政的な負担を理由になかなか設置に至らなかった。実際には、公立感化院の多くは、1907（明治 40）年 11 月の新刑法（懲治場の廃止）施行に伴う感化法第一次改正（感化院への国庫補助）以後誕生している。
22) 児童福祉法施行令（平成九年一部改正）第一〇条「都道府県は、法第三十五条第二項の規定により、児童自立支援施設を設置しなければならない。」
児童福祉法（平成九年一部改正）第三十五条第二項「都道府県は命令の定めるところにより、児童福祉施設を設置しなければならない。」
23) 田澤薫、前掲、70 頁。
24) 同、204 頁。
25) 小林英義『児童自立支援施設とは何か』教育史料出版会、1999 年、71 頁。
26) 全国教護院協議会編『21 世紀の子ども自立支援』1997 年、23 頁。
27) 池田千年「第五回愛知以西二府十六県感化院長会議事録」感化教育会「感化教育」第 8 号、1927 年、46 頁。
28) 澤登俊雄『少年法』中公新書、1999 年、149 頁。
29) 大谷繁次郎「感化法の改正に就て」児童保護協会『児童保護』第四巻第三号、1929 年、10 頁。
30) 小河滋次郎「少年保護問題に就いて」小河滋次郎／土井洋一・遠藤興一編『小河滋次郎集』鳳書院、1980 年、93 頁。
31) 三浦慈圓『少年教護法の解説と教護教育』東陽書院、1935 年、12 頁。
32) 全国児童自立支援施設協議会、前掲、58 頁。
33) 大谷繁次郎、前掲、11 頁。
34) 田中藤左衛門「感化法の改正」児童保護協会『児童保護』第四巻第三号、1929 年、16 頁。
35) 日本少年教護協会「少年教護法の解説」1934 年、2 頁。
36) 志村博厚生省事務官「祝辞」関西少年教護院々長協議会記録（淡海学園蔵）1938 年 2 月 14-15 日、11 頁。（愛知以西二府十六県、朝鮮総督府を区域とする）初の院長協議会。
37) 全国児童自立支援施設協議会、前掲、60 頁。

38）関西少年教護院々長協議会記録、前掲、34頁。
39）三浦慈圓、前掲、11頁。
40）日本少年教護協会、前掲、11頁。
41）小林英義、前掲、82頁。

児童作品

第二章　教護院消滅の理由

第一節　入所児童数の減少という教護院へのクレイム

　1990年代は教護院にとって苦難の10年であった。教護院は入所する子どもの減少を背景に児童自立支援施設への変革を求められた。教護院の入所率（入所児童数／定員数）は、1955年には91.6％であったものが、1975年には53.8％、そして1995年には38.3％となっている。[1] 入所する子どもの減少という危機的事態に、教護院はその内部に原因を求めた。1990年の全国教護院協議会の機関紙「非行問題」には、「教護院は生き残るか」と題して、「教育権問題や週休二日制導入により変革を迫られる勤務体制、定員開差と入所する子どもの多様化、事故に伴う賠償問題、めまぐるしく動く社会情勢と閉鎖性の中で生活する職員の意識のギャップ、体罰、シンナー、無断外出等の子どもの問題、さらには理論武装の欠如等々」の問題に直面していることを挙げ、「この施設の存在理由そのものが切実に問われている」と危機感をあらわにしている。[2]

　80年代までの入所率の減少について西野勝久は、「昭和40年代にはじまった各施設間入所率のバラつきは、教護院を問う場合に無視できない現象である。」[3] として、教護院のすべての施設が入所する子どもの減少を招いていたわけではなく、施設によって、例えば山形県では入所率20％に過ぎないが、岡山県では86.7％の入所率を有しているなど、自治体によって差があることを指摘している。その原因については、各児童相談所における措置規準のありように影響されるという。80年代までは、このよ

な各自治体での措置能力の差が、入所率のバラつきとして表れていた。三重県立国児学園長・小野木義男も、「親や教師から『児童相談所の手順を踏むことは分かっているが、それでは埒があかない。この困っている現実に、何とか知恵を貸してもらえないか』と（小野木を）訪れる例が、めずらしくない。しかもこれが、県下一円という行政エリアを越えての相談も含まれていることに事態の深刻さを、改めて痛感させられているのである。」[4]（括弧内引用者）と述べていることからもよく判る。

筆者の勤務する滋賀県立淡海学園では、図 2-1 に示すように、在園する子どもの数は、終戦後の一時期に極端に減少した以降は、80 年代の後半まで 50-60 名を推移している。それが、90 年代になってから、40 名前後にまで極端に落ち込んだのである。

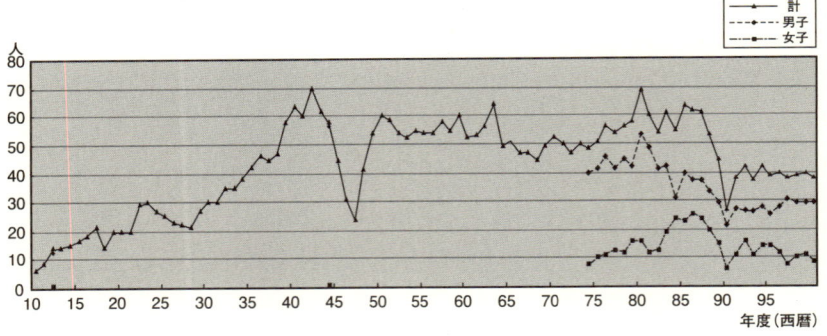

図 2-1　淡海学園の在園児童数の変化

1912 年と 1944 年にそれぞれ一名の女子が在園するものの、基本的には男子の施設であった。1974 年から、男女共用の施設になっている。

このように 90 年代に入ると、全国の教護院で、各児童相談所の措置能力という個別的な要因を超えた、入所する子どもの数の減少という事態に遭遇する。そのことについて、1996 年の中央児童福祉審議会基本問題部会における中間報告では、教護院は、「入所率の全国平均値が四割程度と著しく低い状況にある。その原因としては、入所が敬遠されるような施設

になっていることや教護院の処遇内容が時代のニーズに必ずしも対応していないために、児童相談所が教護院への入所を躊躇したり、子どもの入所について親の同意を得にくいことなどが指摘されている。」と述べられている。つまり、児童相談所の措置能力が低下したのは、教護院内部の処遇に問題があるのだといっている。

柏女霊峰は、教護院の改革として、「施設の閉鎖性や処遇内容（学校教育が未実施）が時代の要請に合致していないなどの問題が指摘されている」としたうえで、教護院の問題性と児童自立支援施設のあり方を表2-2のように記している。

表2-2　教護院の問題性と児童自立支援施設のあり方

現行	改正後
〈教護院〉	〈児童自立支援施設〉
ア　名称等が社会的に否定的評価〈スティグマ性〉	ア　名称を「児童自立支援施設」に改め、単に入所者を保護・指導するだけでなく、児童の自立支援を目的とする施設とする
イ　一般社会から隔絶された閉鎖的施設	イ　従来の入所形態のほか、通所形態も採り入れるとともに、自立支援の観点から退所後のフォローアップ等も強化
ウ　家庭の養育機能の低下等による新たなニーズへの対応が不十分	ウ　家庭の養育機能の低下等による新たなニーズに対応するため、対象児童を「不良行為をなし、又はなすおそれのある児童」のほか、「家庭環境その他の環境上の理由により生活指導等を要する児童」にも拡大
エ　入所児童については、施設内において学校教育に準ずる教育を実施	エ　入所児童について通常の学校教育を実施

しかし、この教護院が時代にそぐわないというクレイムは、明らかに90年代の大衆消費社会の価値を基盤とするレトリックである。

　1991年のソビエト連邦の崩壊は、この世紀の末の「冷戦構造」の終焉、すなわち「自由な社会」の競り勝ちを意味している。「自由な社会」とは、もちろんこの時代の語法で、アメリカを中心とする「資本制」システムのことである。巨大な需要が、ゆたかさを求めて小売店に殺到する消費者たちの自由な欲望をとおして、調達される「大衆消費社会」が、それまでの「管理された資本主義」に替わって姿をあらわした。大衆消費社会においては、「個人」という視点が重要な意味をもつ。フーコー（Foucault, M.）は、人びとが「主体」となる際に、ある種の権力に仕掛けられた管理統制のメカニズムに絡めとられると説く。欲しいものは大抵手に入れた「豊かな社会」では、欲望の対象は「個性化を求める」自分以外にもうない。企業が、「自分探し」をする大衆を相手に、モノを大量消費させるレトリックが「個人」なのである。

　2000年5月に愛知県豊川市で起こった17歳の子どもによる主婦殺害事件の動機は、「人を殺す経験がしたかった」であるという。モノや性欲の欲求不満に発する「生活型」犯罪から、「空虚な自己」を埋めるべきリアルな生活体験が稀薄なために、力の象徴としてのナイフや、最先端のコンピュータなどのハイテク機器に依存しつつ、「幼児的万能感」を回復しようと焦る若者の、「自己確認型」の犯罪への移行は、まさに大衆消費社会における果てしなく拡散する欲望の消費行動以外の何ものでもない。

　教護院が悪いという前提に立つと、処遇から存在理由まですべてのことが「悪い」となってしまう。だが、教護院を利用しなくなった社会状況がすべて「良い」とは言い切れない。個人の欲望が優先される大衆消費社会にあっては、問題行動を起こした子どもを「規制」する教護院は、その価値観からはどうしても容認できないというのが大前提としてあったのだと思われる。

　以下では、それぞれの問題とされる事項について、そのレトリックを解明してみる。

ア）スティグマ性

「入所が敬遠されるような施設になっていること」というスティグマ性は、教護院そのものにあるのではない。スティグマとは、ゴッフマン（Goffman, E.）によれば、「適合的と思われるカテゴリー所属の他の人びとと異なっていることを示す属性[12]」である。その属性とは、「教護院に入所した子ども」と受け取られがちだが、そうではなく、「適合するべきはずの学校に居れなくなった子ども」という属性に、実はスティグマがあるのである。

1985年頃から、文部省は徐々に「共同社会」重視から「契約社会」重視への教育に路線を変えてきた。三浦朱門がいうように「義務教育の目的は良き国民を育成するためにあった[13]」が、その「国民形成」型の教育から「能力・個性重視」型の教育へと大転換した。よく目につくスローガンは「新しい学力観」であり、「児童生徒の自己実現を支援する」であり、「自己指導能力の育成」であり、「生きる力」「ゆとり」である。文部省は「個」を重視し、「個」の考えや好みを固定化し、したがって「個」を変えようと考えていないのである。いまこう考えている、いまこう思っている「個」の衝動や欲望を絶対視せよと言っている。

諏訪哲二が言うように、教育というものは自然的存在としての個体を社会的存在としての個人に形成する反自然的かつ人為的な営みである[14]。にもかかわらず、「個」の衝動や欲望を絶対視するということは、子ども自らの衝動や欲望によって学校教育に従うか従わないかを選択せよといっているのである。つまり、学校が内申書重視の指導を行ない始めてから、指導に乗る子どもだけが良い子であり、不必要な子どもを切り捨てるという「契約」方針をあからさまに示したのである。すなわち施設入所は、学校に切り捨てられた結果であって、見せしめとしての効果を有している。教護院は「ほんのひと握りの犠牲者をいけにえとして収容する施設であるにすぎない[15]」。だから、教護院の処遇が良いものか悪いものかとは全く関係なく、教護院に入所することになった事態にスティグマが存在する。「教護院にだけは入りたくない」そういってケースワーカーの措置に同意しない子ど

もは、学校に見捨てられることが怖いのである。

イ）閉鎖的施設

　教護院は解放施設である。塀や檻がないことは感化院時代からの伝統である。にもかかわらず、「一般社会から隔絶された閉鎖的施設」といわれる。野田正人が「不良行為に関する児童の施設ということから、閉鎖された隔離施設を想像しがちであるが、原則として開放施設であり、適切な環境の下で心身ともに安定した生活を営み社会復帰させている[16]」（傍点引用者）というように、一般的にイメージで語られているということが多い。

Ⅰ）立地条件

　そのことの一つに、街から遠く離れた僻地に立地し、地域との交流が少ないことが挙げられよう。このことは教護院の処遇理念と大きくかかわっている。

　留岡幸助は、「不良少年を教育するに当たり、最も注意を要すべきことは、天然の感化力多き場所を選ぶにあり」として、「人間の多くして天然の勢力乏しきところは感化院の設立地として甚だ不適当」であるので、「都会よりも田舎に、甍を并へたる市街地よりも山水明媚なる地に感化場を設立するの必要を生ず[17]」と述べている。このことは現代においては、「意図的に町中から離して建設する感化施設のあり方自体に採用され[18]」、立地の辺鄙性から「閉鎖的」の謗りを受けてはいるが、留岡は、「不良少年の境遇を転換する」ことが最も緊要なことであるという。イギリスの監獄学者モリソン（Morrison, W. D.）の著書を引用して、「犯罪者の惨憺たる境遇を転換して、他の人びとの如く工芸的習慣を養成せしめなば、彼れ犯罪者は多くの場合に於て、普通人民の如くならん」と説く。ここでいう「工芸的習慣」とは、農業が第一であり、附帯して牧畜、家禽の飼育、及び徒弟教育（マニュアル・ツレーニング（ママ））をもってすべきであるという。すなわち「人は地を開き、地は人を開く」とデメッツ（Demetz, M. フランスのメットレイ感化院長）の言葉を受けて、留岡は自然による癒しの力を

なかには適応できずに事故退園となる子どもも残念ながら存在する。その子どもたちの適応できなかったことの弁解が、教護院を否定する背景としてあるのではないか。退園後良好な予後を過ごしている子どもたちは、小沢なつみのようには、在園した教護院について語る場を持たない。それに対して、教護院を逃げ出した子どもの、自己を弁明するための「教護院が悪い」というクレイムがクローズアップされるのである。

　そうした言説は世間に一方的なイメージを植え付ける。例えば、実習に行くに当たって予備学習をした短大生が、「教護院について私の受けた印象は『こわい』という感情です。[22]」と述べるように不安感でいっぱいであったものが、「初めて実習にいった日、そこには、とても柔らかい表情をした子ども達がいたのです。そして、先生と子どもの仲むつまじい姿に、私の今までの不安な気持ちは一気にふっとびました。」と、実際に教護院に接してみて印象を新たにしている。

　このように、内部の処遇と外部との認識のギャップは、クレイムから生じている。そのクレイムの基盤となる価値とは「自己決定」であり、その時々の子どもの気持ちを尊重せよということである。だから、教護院で味わう「嫌なことをがんばってした結果が幸せ」は当然否定される。

ウ）家庭の養育機能の低下等による新たなニーズへの対応が不十分

　非行の引き金として、家庭の貧困は社会的にはほとんど注目されなくなったとはいうものの、実際に社会階層が非行の発生と無関係になったわけではない。「犯罪を犯す者の大部分が、生活程度、職業、学歴などの尺度を統合して測定した社会階層では、下層階級に属していて、それは高度成長以後も変化していない[23]」のであるから、教護院の対象となる子どもは、下層階級の子どもであるという位置づけがなされてきた。だから、日本総中流化の世の中になり、施設収容の対象となる子どもがいなくなった。果たしてそうだろうか。教護院の入所については、より「家庭の保護力の欠如が前提[24]」となる子どもを対象にすべきである、と考えられてきた。要するに、「階層」が見えにくくなったから、「どの子も同じ程度、非行に走る

危険性をもっている」と意識されるようになったのである。

しかも、家庭の養育機能の低下という視点は、90年代から問題化されてきた児童虐待とオーバーラップする。児童虐待は以前からあった。しかし、その問題とされる中身は、70年代とは違ってきている。上野加代子は、「昨今の児童虐待の問題化は、主に経済問題に起因すると考えられてきた問題を、家族関係の病、個人の生活形成史の問題といった現代的な内容へとリメイクすることで、新しい問題カテゴリーを成立させたのだともいうことができる」と述べており、現代の児童虐待はその医療対象化にある。つまり、児童虐待は、経済的な色彩の強い問題というよりも、親自身が子ども時代に虐待を受けていたりして愛された経験が乏しいために未熟・攻撃的・依存的である、といった個人の性格上の問題、また夫婦の不和などによる家庭内での孤立といった家族関係の問題と考えられており、カウンセリング治療や家族療法で改善されうるようなニュアンスをもたせて提示される傾向にあるといえる。問題がある親に対して、精神科医や、心理療法家、カウンセラーなどの専門家が治療を施すというのである。

しかし、この施設は明治時代からすでに、非行の背景が家庭の養育機能にあることを見抜いていた。感化院は「国親思想」のもと、「犯罪少年」だけにとどまらず、「遺棄少年」と「要扶養少年」を対象にしていたことから判るように、「家庭の養育機能の低下」というニーズを視野に入れていたのである。

それゆえ、教護院は、小舎夫婦制をはじめとして擬似家族制で運営されている。教護院は「家庭的な暖かい雰囲気なり、関係を大切にしたいと考えてきました。そして暮らしの教育を最も大切にして来ました[26]」と考え、職員が「私は生徒たちと一緒に暮らす父親のような存在[27]」と自認してきたように、教護院の役割は、家庭により近づくことであった。しかし、児童虐待という視点で、家族を切り崩し、「個人」に還元するのが現代の手法であるから、家庭に養育するという機能を求めはしない。それは専門家の仕事である。だから、教護院が「家庭」を標榜する限り、専門家にはなり得ない。さらに、「家庭」におけるインフォーマルな処遇が、「家庭」ゆえ

第二章　教護院消滅の理由　45

非難の対象となるのである。

エ）準ずる教育

　教護院に入所する子どもについては、従来、保護者の就学させる義務が猶予または免除されるべきものとされ、教護院内において教護院の職員による学校教育に準ずる教育が実施されてきた。[28]

（旧）児童福祉法第48条2項
　教護院の長は、在院中、学校教育法の規定による小学校又は中学校に準ずる教科を修めた児童に対し、修了の事実を証する証明書を発行することができる。（傍点引用者）

　国立きぬ川学院長・石原登は、「今日の学校の学習形式が異常なまでの教育様相を招き、非行少年の数を増やしているのに、教護院までがなぜこの異常な教育様相を招いている学校様式に追従しなければならないのか。又、何の必要があって法第48条を改正しなければならないのか。法的にがっちりと規定してもらって、自縄自縛となり、教育委員会の監督下におかれ、学校同様の形式をとらなければならなくなってもよいのか。教育基本法に準拠するかぎり、教護院の教育活動に大きな自由を認め、しかも学校長と同価値の証明書を出しうるという48条は稀に見る名法文と考える。自ら教護院の価値を見くびるような法改正には反対である」と、学校教育を教護院内に導入することを厳しく批判している。この石原に代表されるように、教護院では「教護院の三本柱である生活指導、学科指導、職業指導は、すべて子どもの不良性を除くものであるし、そのどれかひとつでも取り出して行なうというものではない[29]」と主張し、それを教護院の「全人教育」ととらえ、公教育導入の必要性を否定してきた。
　この間、厚生省は、「教護院の独自性」を前面に出しながら、教護職員による現行の学科指導体制をむしろ支持、容認してきた経緯があり、あえて厚生省から文部省への働きかけもしてこなかった。一方の文部省も、「教

護院の問題は、所管の厚生省の考え方ひとつ……」と、公教育を取り入れることには反対しないものの、積極的に厚生省へ公教育導入の働きかけをしてこなかった。

　1948年12月29日施行の児童福祉施設最低基準第101条では、「教護院における学科指導は、すべて児童の不良性を除くことを目的としなければならない」と規定しており、このことによって「教護院は、児童を教護することを主目的としているので、教育もこの教護という第一目的のために奉仕するひとつの手段である」と厚生省も断言してきた。これが「教護院の独自性」であり、したがって「準ずる教育」であるために、この「教護院の独自性」が生きてくるという考え方が、教護院関係者の間で受け継がれてきている。

　しかし、この説に異議を唱えたのが滋賀県立淡海学園長・小嶋直太郎であった。

　「昭和61年（1986年）、わたしは同友の弁護士の知恵を借りて、日本弁護士連合会会長あて『人権救済申立て書』を単身名で出した。それは48条が子どもの教育を受ける権利を侵害しているのではないかとの前提のもとに、法曹界の見解を聞くためのものであった。二年の後の平成2年3月意見書が発表され、

　　○48条には違憲を疑わせるものがあるのでこれを改正して、学校教育
　　　を受ける権利を保障せよ。
　　○そのうえで厚生省・教護院は伝統的な全人教育との調和を追求せよ。
　　○文部省は就学の猶予免除を適用することをやめ、教護児童の教育権の
　　　保証に責任を負え。
　　○右改正がなされるまでの間、行政当局は教育児童の蒙っている不利益
　　　に対し、速やかに救済の途を講じよ。

との提言をした。」[30]

　これに対して全国教護院協議会は、公教育導入の申立て書を厚生省に差し出した。小嶋は、1994年当時の48条改正の機運の中で、「最初教護の一部分として始められた学科指導が、意味を発展させて学習指導となり、

よるクレイムから生じている。「言った者勝ち」の世の中ではあるが、サイレントマジョリティである予後良好な子ども達の声も尊重しなければいけないのである。

さらに、「家庭の養育機能の低下」というニーズは感化院時代から視野に入れていた。ところが、児童虐待を通して家族が否定され、専門家の治療に委ねられることになった。だから、擬似家族制で運営されている教護院は、「家族」であるがゆえに否定されるのである。

四つ目は、準ずる教育の否定である。しかし、これは教護院内部から出た要望であって、学習指導を充実させるための方便であった。しかし、導入されたとしても、もはや学校教育には「学校から排斥された子ども」に対して教育する力は失っているのである。

このように見てくると、柏女のいう「問題性」からは、教護院はよくないという前提に立った上での問題点しか見えてこない。つまり、本質的な問題性は別にあるのである。筆者は、「不良性の除去」という教護院の目的こそ、教護院が消滅に至った本質的な問題性であると考える。「不良性の除去」という目的が、終戦直後の特殊な社会情勢を背景に設定されたため、本来この施設の目的であった「独立自営」の視点を失うことになってしまった。そのため「治療教育」に特化し、環境への働きかけをなさずに子どもの「人格改造」に専念する結果となったからなのである。

1948（昭和23）年、1月11日に施行された児童福祉法によって、少年教護法は廃止され、「少年教護院」は同法第44条の「教護院」となった。付設の少年鑑別所は廃止され、その業務は新設の「児童相談所」に譲った。少年教護院時代に教護指導と鑑別が一体となっていたものが、この時代に分離することになったのである。入所児童数の減少が、児童相談所の措置機能の低下に一因があるがゆえに、この鑑別・措置機能の分離は教護院の大きな痛手であった。小野木義男が「これからの教護院を展望するならば、そっくりとは言わないまでも、私はかつての少年教護院に立ち返ることではないかと思う。つまり教護院が、数ある児童相談所の業務のうちから、しつけ相談、教育相談、教護相談などを独立して受け持つということであ

る。施設という臨床現場に相談業務と措置権の部分的委譲ができないものか。[37]」というように、子どもの収容だけに業務を限定されたことに対して苦言を呈している。児童相談所と教護院の間には、措置する側とされる側の序列がある。本来援助のための措置であったものが、措置機能を分離したことによって、措置するという行為に権威性が生まれてしまった。いわゆる庇を貸して母屋を取られてしまったのである。児童相談所の措置機能の弱体化は、教護児童と信頼関係が取れないまま措置行為を行なうことに限界があるのであり、当然の帰結と言えよう。

教護院は、施設内での業務に限定されたがゆえ、子どもへの治療に特化していく。

教護院の前身である感化院では、1900（明治33）年に施行された感化法施行規則第5条において、

在院者ニハ独立自営ニ必要ナル教育ヲ施シ実業ヲ練習セシメ女子ニ在テハ家事裁縫ヲ修習セシムベシ（傍点引用者）

と具体的な感化の目標を定めた。この感化法施行規則は、留岡幸助の草案によるとされる[38]。留岡は、子どもに作業や日課を強制することの意義を説く。我慢や慣れを通じて怠惰心を麻痺状態に陥らせ、それが高じて「労作を愛する習慣を養成」し、「社会有ノ一個人」になりうると考える。このように、内面の改善に先んじて外枠にはめることが結果的に改心をもたらすのだという発想は、不良少年の教育可能性を認めるだけでなく、彼らが自然に成長する力を十全に利用することを条件としている[39]。

ところが、（旧）児童福祉施設最低基準八四条は、

教護院における生活指導、学科指導及び職業指導は、すべて児童の不良性を除くことを目的としなければならない（傍点引用者）

と規定している。それは感化院、少年教護院を通じての理念「独立自営」

第二章　教護院消滅の理由　51

との訣別であり、不良性の除去のための「治療」を志向したものである。田澤薫は、「独立自営の考え方は、普通人民の如く犯罪とは無縁の生活を営むことができれば、それで良いとする。人間の原罪を自覚した上での自立のための生活改善が、独立自営の目指すものである。それに対して不良性の除去という課題は、人格の根本的改造を意味する。」[40]と述べており、教護院の「不良性の除去」という目的は、「人格改造」であるという。

　青木延春（第3代国立武蔵野学院長、医官）は、アイヒホルン（Aichhorn, A.）の精神分析理論によって、教護活動を全体療法と捉え、そして「子どもの自我を強化し、さらに同一化を通じて超自我を強化させようとする」治療教育を唱えた[41]。さらに、小嶋直太郎・淡海学園長は、『教護院運営指針』のなかで、治療と教育を教護理念の二本の柱として、非行をなおすためのあらゆる営みが治療であるとした。これら、「治療教育」の概念は知的障害児の処遇から生まれた言葉であるが、この例にならって教護院でも教護を治療教育の概念で包括しようとした。教護院では「治療教育」という言葉を、狭義には、心理治療、精神医学的治療によって非行を改善する技術であるとし、広義には教護院における処遇そのものとして、捉えてきた。

　このように、「独立自営」から「治療教育」へと目的を転換させた背景には、多分に「時代」が影響している。独立自営を目的とした時代には、親の養育不全から問題行動を起こすに至った子どもを対象とした。一方、教護院に改革された時代は、終戦直後である。そのころ教護院は、戦争で親を無くした「浮浪児」を対象とした。この「問題行動を起こした」子ども達には親はいないのであり、親のいない状況はその養育不全に起因しているのではなく、戦争の犠牲という偶然によってである。だから親との関係を問うことはできず、直接子どもの人格改造を目的にしたのだといえる。

　また社会自体も、民主主義へと改革され、それまでの価値観とは大きく異なる社会になった。したがって、親の養育機能を問題にしようにも、養育のモデルがないのである。このようなことから教護院は、子どもと養育環境との関係性を捉える視点を欠いてしまった。

　時代が下って高度成長期になると、養育のモデルは学校が果たすように

なる。企業の求める労働者には、行動的禁欲(aktive askese)[42]が必要である。工業社会は文化的に均質化された国民を必要とする。共通の知識、共通の技術、共通の生活様式を身につけていなければ、近代国家の市民として、あるいは工業社会の勤労者として通用しないからである[43]。それゆえ、この時代の学校教育とは、均質な工場労働モデルの管理育成にほかならなかった。商品と同じように、どの子どもをとっても同質の規格品であることが求められたのである。学校での集団生活の訓練や言葉づかい・礼儀作法の習得などは、それまでになく重要な意味をもつことになった。解体する地域共同体、急激な社会変化にとまどう「遅れた」家族、親世代とは異なる生き方を余儀なくされる子どもたち。新しい社会の中でうまくやっていく機会と知識や技術とを子どもたちに提供することで、学校は親からも子どもからも信頼と支持を得ることができた。いうなれば〈学校の黄金期〉[44]であった。

その「管理教育」から逸脱する者は、容赦なく「治療教育」の対象となった。教護院の入所児童数がピークを迎える、華やかなりし時である。この時期教護院は、学校の「全生活施設」機能をいわば拡大化して補完してきた。学校が、親に代わって養育機能を発揮していた時代であったからである。然るに、学校が養育機能を放棄した90年代から、教護院の存在理由が問われだしたことは無関係ではあるまい。

第三節　養育の「構造的」分析から「機能的」分析へ

90年代になると、学校が子どもを養育する時代は終わった。しかし、90年代以前に学校生活を過ごした人々は、学校が性急に「民主主義」を注入しようとした結果、ホンネとタテマエとの区別がつかなくなってしまった。中根千枝は、イエという共同生活の「枠」を強化するための「われわれ」意識こそ、日本人の特質であるという[45]。そのもともと日本人の特質としてあった共同社会的なものと、民主主義の契約社会的なものとの整

合性がつかないのである。心の底では何かしっくりこなくても、理詰めで納得させられてしまう。「そういっておけば無難である」と誰もが心の中を見せなくなってしまったため、打ち解けた人間関係が結べない。そして時代は大衆消費社会となり、高度成長期の子どもは親になった。今日、親の養育態度が問題とされる。斎藤学は、「現代的」な児童虐待とは、「子どもを愛さなければならないとの思いに『取り憑かれている (obsessed)』親が、『つい (impulsively 人格の衝動統制機能による抑止を欠いた状態で)』虐待を繰り返してしまうという Compulsive-Impulsive behavior である。[46]」という。まさに「子どもを愛さなければならない」というタテマエと「つい」というホンネとの葛藤である。

さらに、90年代に議論されはじめたことの一つに、社会福祉の利用者によるサービスの選択利用の権利、すなわち利用者選択権の問題がある。利用者選択権は、契約自由の原則を社会福祉の利用という局面に適用したところに成立した概念である。従って、利用者選択権を承認するということは、利用者の自由意志による福祉サービスや施設の選択にかかわる利用者の自己決定権を尊重するということを意味している[47]。しかし、利用者の選択とは、「どのサービスを選ぶか」という選択はあっても、「サービスを受けるか受けないか」という選択に余地はない。なぜなら福祉サービスを必要とする状況に利用者が追い込まれているからである。

たとえば、『児童虐待　深刻』との見出しをつけた新聞記事は、「全国の児童相談所が昨年度に、児童虐待について相談を受けた件数は11631件と初めて一万件を突破し、過去最高を記録、集計をはじめた1990年度に比べて十倍以上に上ったことが、厚生省のまとめで分かった。実母、実父から虐待を受けるケースが全体の八割を超えた。実数ははるかに多いとみられ、児童虐待が深刻の度を増している実態を窺わせている。[48]」

こうした言説が流布するにつけ、どの家庭にでも虐待が起こりうるとの不安を想起させ、「いうことを聞かない我が子を思わず殴ってしまった」親は、病院に相談しようか、児童相談所に相談しようかという、選択を余儀なくされてしまうのである。この利用者選択権は「良いもの」といえる

だろうか。福祉サービスの利用者選択権とは、自分で選んだことによって、不満足と不安の結果を生む。そうなると一つのサービスに留まらず、幾つものサービスを転々としてはいつも不満足感と不安感にさいなまされている自分がいる。

　このような心的葛藤を惹起させうる状況を必然的に生み出しているのが現代である。しかし、このような心的葛藤が、すべての親の子育ての失敗につながるのかといえばそうではない。たとえば、社会規範に関する意識調査において、一般の中学生は100円からが盗みだと思うのに対して、非行少年は1円から盗みだと思う者が多い。つまり、非行少年の方が社会規範が高いのは、彼らのほうがより学校教育への依存度が高いからである。広田照幸は、「低学歴・低階層の親は、社会のルールを教えることを重視しながら、実際のしつけでは子どもに甘い傾向がある。一方、高学歴・高階層の親は、子どもの自主性を重視していながら、実際には子どもを厳しくしつけようとする傾向が見られる[49]」という。このことは、養育機能を構造的に分析していると言え、家族のおかれた立場によって養育の特徴があるといっている。金子勝法は「資産格差と社会的流動性の低下」が、今の日本社会を覆っているひどい閉塞感の一因であると指摘する[50]。社会的流動性の低下とは、階層の固定化現象をいう。「所得」「世代間」「教育・学歴による就業」、これら三つの格差が複雑に絡み合う形で階層の固定化現象が起きており、個人の努力だけでは上昇する展望のない閉塞的な社会になりつつある。ジニ係数（所得配分が完全な平等時には0、不平等時には1に近づく）は、1980年の0.349から2001年に0.498に上昇し、一億総中流といった平等神話はすでに過去の話となった。大衆消費社会は、子どもを主体として奉り、子どもの社会化を阻止する。それは、無分別な消費行動の推進のためである。結果として、欲望のみ肥大化した個人を生む。社会システムの矛盾を理解し得る親を持つ子どもは、混乱をきたさないが、理解しえない親を持つ子どもは、混乱するし、周りにとって危険である。それゆえ、社会階層の低い親が、閉塞的な心的葛藤に陥りやすく、より子育ての失敗につながりやすいというのも一面において事実である。

第二章　教護院消滅の理由　　59

　少年院の教官を対象にした調査によると、7割強が非行少年の資質が変化し、処遇が困難になったと応えている。最近の非行少年は思いやりや人の痛みへの理解力・想像力に欠け、対人関係を円滑に結べず、感情をコントロールできない、という。善悪の見極めができないというより、その場の感情、感覚に任せて意思決定し、規範を軽視する態度が目につく[63]と指摘している。さらに楠武人は、「変容しているのは子どもだけであろうか。親も変わりつつあるのでないか。子どもの姿は家庭の変化を如実に反映しているのでなかろうか。[64]」と言い、8割を越す教官が「指導力に問題のある保護者が増えた」と回答し、6割強は「家族の情緒的な交流が乏しい」と述べている[65]。
　このように、親子共々の対応困難性が見て取れる。
　では、現代の親たちの子育てに彼ら特有の「時代」を読むことができるのだろうか。ベテランの幼稚園教諭ないし保育士[66]は、最近の「母親の子育て」に対して、次のような変化をあげている[67]。

① 　子どもより自己優先へ
② 　子どもの育て方がわからない
③ 　わが子中心、期待過剰
④ 　時間的、精神的な余裕のなさ
⑤ 　子どもとの友達感覚

とあるように、親自身が自分の事を「親」として自覚できていないように思える。すなわち、親になりきれていないのだ。NHK放送文化研究所が2002年に行った「中学生・高校生の生活と意識調査」によれば、「早く大人になりたいとは思わない」と回答した中学生・高校生が約6割に及ぶという。その理由の一つとして挙げられているのは、中高生とも「子どもでいる方が楽だから[68]」なのである。現代の子を持つ親も、学校時代の精神年齢から一歩も出ていない[69]のである。いわば子どものまま歳をとった状態であるので、「子どもをペットのように扱い、髪を染めたり、パーマを

あてたり、服で着飾ったりする」[70]ことは、お人形遊びの趣味の世界と何ら変わらない。さらに、親子の関係を意識できず、「仲間感覚、友達感覚で、子どもの成長を親として喜ぶという様子ではなく、子どもがまじめに取り組んできたことを笑ったり、茶化したりする」[71]ような、子ども時代の級友とのふざけ合いと変わりがない態度をとったりする。このような状態であるので、「子どもの権利」といっても、まさか「ペット」や「お人形」のことぐらいにしか思っていない自分の子どものことは思えず、自分自身がまだ子どもなのだから「子どもの権利」とは「自分の権利」という考えに陥っているので、自分にとっての最善の利益しか考えないのである。

　では、こういった接し方をされた子どもはどう育っていくのだろう。ボウルビーのアタッチメント理論によると、母親の無条件の愛ではなく、乳児からの愛着を生じさせる働きかけに答えるという母親と子どもの双方向の関係がある。しかし、母親がきっと何かをしてくれるだろうという期待に、してもらえなかったときに感ずる、裏切られた気持ち、この蓄積が対人関係の技術習得を阻害しているのではないかと考えられる。林道義によれば、乳幼児期に家族の中で、とくに母親から可愛がられたという感覚を持っていない者、母親との間に親密な一体感を体験しなかった者は、他人とも親密な関係を持つことが難しくなる。人間は一度母との一体感を体験したのちに、次第に母から自立しはじめ、他人との間に適度な距離を取ることができるようになっていく。この正常なプロセスを経ないで、一体感から距離を取るまでの基本的な経験を欠いて育つと、他人との間にも、健全な距離を取ることができなくなってしまう[72]という。

　このように、双方向の人間関係を結べず、子どもへの一方的な期待を持つ母親に満ちている。愛着の対象としての母親は、不完全と言わざるを得ない。したがって、子どもが母親から愛着を得るためには、従来のような微笑だけでは事足りず、二つの方向に進化をはじめる。ひとつは、母親のすべての期待に添うように繕う「よい子」型、もうひとつは母親の関心を否が応でもひきつける「わるい子」型。いわゆる「ふつうの子」型ではいられなくなってしまった。

25) 上野加代子、前掲、109頁。
26) 小田島好信「教護から自立支援へ」全国児童自立支援施設協議会編『非行問題』205号、1999年、7頁。
27) 山脇勝『子どもに共感する心』法政出版、1997年、152頁。
28) 渡邊芳樹「児童福祉法の改正について」全国教護院協議会編『非行問題』204号、1998年、22頁。
29) 小林英義『児童自立支援施設とは何か』教育史料出版会、1999年、101頁。
30) 小嶋直太郎「わが歩みし教護院教育の道」全国教護院協議会編『非行問題』200号、1994年、186頁。
31) 同、187頁。
32) 全国児童自立支援施設協議会編「児童自立支援事業100周年記念誌　百代に花開く」2000年、106頁。
33) 学校教育を導入していた教護院は、淡海学園のほか、宮城県立さわらび学園、茨城県立茨城学園、千葉県立生実学校、石川県立児童生活指導センター、兵庫県立明石学園、神戸市立若葉学園、鳥取県立喜多原学園、島根県立わかたけ学園、福岡県立福岡学園の各施設である。
34) 田中幹夫「はるかな道のり」全国教護院協議会編『非行問題』194号、1988年、26頁。
35) 徳岡秀雄『社会病理を考える』世界思想社、1997年、126頁。
36) 小嶋直太郎、前掲、182頁。
37) 小野木義男、前掲、31頁。
38) 田澤薫、前掲、70頁。
39) 同、42頁。
40) 同、73頁。
41) 全国教護院協議会『教護院運営ハンドブック』三和書房、1985年、15頁。
42) 小室直樹『日本人のための経済原論』東洋経済新報社、1998年、240頁。
43) 諏訪哲二、前掲、96頁。
44) 広田照幸、前掲、109頁。
45) 中根千枝『タテ社会の人間関係』講談社現代新書、1967年、37頁。
46) 上野加代子、前掲、113頁。
47) 古川孝順「社会福祉21世紀への課題」古川孝順編『社会福祉21世紀のパラダイムⅠ』誠信書房、1998年、23頁。
48) 中日新聞、2000年11月2日付。
49) 広田照幸、前掲、166頁。

50）中日新聞、2000 年 6 月 25 日付。
51）本川裕「社会実情データ図録」2006 年。
　　http://www2.ttcn.ne.jp/~honkawa/index.html
52）まきさんの子育て SOS。
　　http://www.paw.hi-ho.ne.jp/kosodatesos/index.html
53）東京都「児童虐待の実態――東京の児童相談所の事例に見る」2001 年 10 月。
　　http://www.fukushihoken.metro.tokyo.jp/syoushi/hakusho/0/01.htm
54）同上
55）同上
56）浜田進士「子どもの権利条約を考える県民フォーラム 2005」（大津会場）、2005 年 9 月。
57）横田恵子他［児童虐待の要因に関する研究・乳幼児発達相談・発達訓練事業の事例対照研究］2004 年。
　　http://www.hws-kyokai.or.jp/ronbun/0411/200411-3.htm
58）原田琢也「80 年代校内暴力の『終息過程』」大阪高法研ニュース、第 175 号、1997 年。
59）厚生省『人口動態統計』2005 年。
60）森山公夫「消費社会と身体の軌跡」『精神医療』第 4 次 40 号、批評社、2005 年 10 月、7 頁。
61）徳岡秀雄『社会病理を考える』世界思想社、1997 年、117 頁。
62）中嶋公子「どう違うの？　フランスと日本の教育事情」1999 年 6 月。
　　http://members.jcom.home.ne.jp/0512677901/lecture/nakaji.html
63）「家庭環境の改善が急務だ」毎日新聞社説、2005 年 11 月 13 日付。
64）楠武人（神戸市立中学校長会長）著書を語る――○ 378「変容する子どもたち」
　　http://www.junkudo.co.jp/syohyo4tyosho10308.htm
65）「家庭環境の改善が急務だ」、前掲。
66）原文は「勤務年数 10 年以上」であるが、筆者が読み替えた。
67）兵庫県「少子化の要因や影響等にかかる意識調査研究報告書」調査研究（財）21 世紀ヒューマンケア研究機構家庭問題研究所、2005 年、130 頁。
68）東京都公式ホームページ報道発表資料、2004 年 7 月。
　　http://www.metro.tokyo.jp/INET/KONDAN/2004/07/40e7u209.htm
69）野田正彰、講演「少年犯罪と教育――エピソードを持って生きよう」林道義ホームページ、2005 年。
70）「少子化の要因や影響等にかかる意識調査研究報告書」前掲。
71）同上。

自分の失敗を認めず、風景に同化しようとする

　知識や学習はさほど遅れているわけではない。むしろそういった知識を披瀝することが本児の自己主張の手段である。しかし、知識ほどに、行動がついていかないので、よくヘマをする。皿を洗えば、皿を割る。草を刈らずに、鎌を折る。そういったことが頻繁に起こるが、決して誤りを認めない。それも、言い訳などをして必死に弁護するといった手段をとるのではなく、飄々としてやりすごす。何食わぬ顔で、ばれたら「ああ、そうですか」という態度をとる。まさに、忍者の「風呂敷隠れ」だと思う。

運動能力が極端に低く、向上しない

　もはや死語となった言葉であるが、「運動音痴」である。その不器用さは、スポーツのみにとどまらない。あまりの字の汚さに、薄く書いた文字の上をなぞらせる練習をさせても、その上をきちんとなぞることさえできないのである。

　今まで接した「幼児わいせつ」の子どもたちは、どの子もおとなしい。その点で言えばA君も当てはまる。しかし、表情に乏しく、ロボットみたいな行動のぎこちなさは、今まで接したことのないタイプである。そこで、担当児童相談所を通じて、大学病院で診てもらうことにした。

3　大学病院での診断

　2時間の問診後、診断。疑いがあるなどという玉虫色の診断ではなく、きっぱりと「アスペルガー障害」です。やっぱりそうだったかと、溜飲が下がる思いがした。しかし、投薬があるわけでもなく、「枠のある生活がいい」とか「言葉で言うより絵に描いて示したほうがいい」などというアドバイスをもらっただけで、治療というものは一切なかった。

4　援助の試行錯誤

　アスペルガー障害といえば、長崎で幼児にいたずらをして屋上から突き落とした子どもの事件や、愛知県豊川市で「人を殺す経験がしたかった」

と老女を殺害した子どもが、そうであるように、大変な危険性を抱えた子どもであるという認識がある。Ａ君の場合も、事件を正当化するつもりはないが、「幼児わいせつ」の前には、学校でかなりカラカイの対象になっていた。そういった、きっかけがあれば、暴発する危険性をはらんでいることに十分注意しなければならない。

　ではどうしたら、感情の暴発を止めることができるのか。何よりも、精神的に落ち着くことであるのに違いない。

　そのために、まず、出来たら褒めることにした。Ａ君の生活の中ではめったにないことである。かなり努力して、褒める場面を見つけて、褒めてみた。しかし、これは駄目であった。有頂天になるのである。気分がかなり高揚して、饒舌になり、まくしたてる。さらに、過度に親和的になり、まとわりついてくるのである。

　つぎに、失敗を叱ってみた。よくあることだと大目に見ていたことも、「良くない」と注意してみた。これも駄目であった。「何だ、Ａの失敗を指摘していいのか」と、ほかの子どもが、Ａ君に対して、かなりきつい調子で注意を繰り返し、Ａ君は、感情の暴発の一歩手前で、顔を真っ赤にしてブルブル震えているという状態に陥ったからである。

　そこで、何もしないことにした。褒めもしないし、叱りもしない。そのかわり、一人で行動させずに、誰かとペアになって行動させるようにした。それも、意図的に非行傾向の強い、屈強な、Ａ君が萎縮する子どもとペアにした。彼らは高圧的だが、きちんと指示を出すし、上手にＡ君を使ってくれる。失敗しても彼らを叱ればいいし、成功しても彼らを褒めればいい。こうしてＡ君は、見事に風景に同化しながら、精神的な落ち着きを増していった。

　今、Ａ君は、心理指導員に対して、「学園は、いじめられないから居心地がいい」と言っている。

5　意図された集団を提供する

　このように、他の子どもの力を利用するためには、集団のあり方が重要

ければ、「どうしてよいか解らない」という「対処不可能性」に子どもは陥るのである。

　1989年の「子どもの権利条約」によって、「権利を行使する主体としての子ども」、つまり大人なみの権利として一部の市民権を行使する子ども主体、という新しい子ども観が提示された。そしてそれは、意見表明権に象徴されるように、子どもにとっての最善の利益は大人によって配慮されるのだ、という従来の保護主義の考え方とは、明らかに一線を画するものである。すなわちそれは、「保護される子ども」と「保護する大人」の否定である。社会の権威関係の不成立という今日的状況のなか、敏感になった人権感覚でもって子どもの保護のあり方が注視されればどういうことになるのであろう。保護主義は一般の目に「問題」として映ってくる。「保護」という語は、「管理」「統制」「幽閉」「抑圧」、つまりは「悪」へと一括変換されてしまうのである。[20]

　また、90年代に議論されはじめたことの一つに、利用者選択権の問題がある。この問題は97年の児童福祉法改正をめぐる議論のなかで中心的な論点になった。この利用者選択権は、医療の領域における「インフォームドコンセント」を社会福祉に援用し、福祉サービスの選択を利用者にとっての権利として承認すべきであるという概念である。利用者選択権は、契約自由の原則を社会福祉の利用という局面に適用したところに成立した概念である。従って、利用者選択権を承認するということは、利用者の自由意志による福祉サービスや施設の選択にかかわる利用者の自己決定権を尊重するということを意味している。[21]

　さて、この文面における、契約自由や自己決定という文言は、まさに「大衆消費社会」の理念そのものである。契約自由や自己決定が「良いもの」という前提がなければ、このパラダイムは成り立たない。ゆえに「権利を行使する主体としての子ども」とは、消費を権利とする大衆消費社会のレトリックである。現代の大衆消費社会における「自立」とは、「欲望の自立」であり、それがゆえ個人は「消費の主体」としかなり得ない。また契約自由や自己決定における「個人の尊重」さえ、消費の選択におけるレトリッ

クに過ぎないのである。

　自らも脳性麻痺の障害を持つ桜田淳は、「自立」とは、家族から巣立って「納税者」(tax-payer)として生活できることだという。障害のある人々にとって、「社会参加」の証とは、職業に示される「社会での役割」を自ら選び取り、経済活動に従事することによって、自ら生活の糧を稼ぎ出し、社会の正当なメンバーとして負う「納税の義務」を履行することに他ならない。[22] 同様に、社会福祉法人「プロップ・ステーション」理事長の竹中ナミは、「障害者を納税者にできる日本」を法人のスローガンにしている。「納税者」には「障害者も社会を支える側に回ろう。仕事を通じて生きがいと誇りを得よう」という意味を込めている[23]という。

　児童福祉施設最低基準第八十四条において、児童自立支援施設は「自立した社会人として健全な社会生活を営んでいくことができるよう支援すること」を目的としている。ところが現代、「納税者」たるべき労働者の存在は、きわめて多様である。フリーターと称する、正社員として就職するのではなく、短期間のアルバイトなどをして過ごす若者[24]の存在は、労働の価値を根本から揺さぶっている。それゆえ、職業を基盤とした「自立」は、子どもにとって最早必要のないものかもしれない。

　しかし、児童自立支援施設の子どもたちの「自立」をいうとき、決して「消費の主体」となることを意味するのではない。「消費の主体」は、自ら判断した結果ではないからである。児童自立支援施設を退所する子ども達の進路は、高校進学者が増えてきてはいるものの、土木建設業や飲食業への就職者が依然多数を占めている。こうした就労先は、職業選択の自由とは程遠く、その職種しか選べない現実の結果である。

　原純輔は「社会階層と社会移動全国調査」（SSM調査）[25]を基にして次のように述べている。「より良い職業に就く『職業選択の自由』は個人の基本的な権利であるとされている。すなわち、親の地位や身分とは無関係に、本人の能力と意欲に応じて職業が獲得できるように、職業選択の機会の平等が保障されねばならない。それでは、社会の開放化の程度が十分であったかといえば、そうではない。家族はさまざまの形で個人の職業的キャリ

第四章　実践Ⅰ——情緒の安定

　ここでは、信頼関係を構築するために、まず、子ども自身の心理的受容要件としての「情緒の安定を図る」ことについて述べる。

第一節　一貫したメッセージの発信

　一貫性のない親の養育態度が、子どもに情緒の不安定を惹起させる。したがって、児童自立支援施設は、子どもの情緒の安定を図るため、一貫したメッセージを子どもに伝えなければならない。
　ソース（Sorce, J. F.）らが、母親の顔（たとえば、微笑や顔をしかめること）から生じる刺激が、乳児の行動を制御することを実証している[1]ように、行動を喚起する刺激は環境内の様々な刺激に条件づけられる。情緒もまた、感情の動的側面であるから、子どもの生育環境における体験によって条件づけられる。ボウルビィ（Bowlby, J.）は、親しい仲間同士の「強くて長続きする情愛的な結びつき」を「愛着」（attachment）と呼んだ。ボウルビィによれば、母親を愛着の対象にした子どもは、当初は母親との接近・接触を激しく求める。しかし、やがて必ずしもいつも接触していなくても安全を感じることができることを発見し、母親を安全基地として使用しながら探索活動に熱中するようになる[2]という。健全な愛着を形成し信頼できる母親を持った子どもほど、母親を安全基地とした探索活動を活発にすることができる。したがって乳児の時に信頼関係が母親との間に結べるか否かは、

母親からのメッセージに条件づけられる。

　では、体罰を振るう親と子どもの間には信頼関係が結べないのか。広田照幸の調査では、高学歴・高階層の親のほうが体罰を必要視し実行している傾向が強いという。高学歴・高階層の親は、体罰を「悪いことを罰するための最終手段」として自覚的に使用している。それに対して、気分次第でふるう親の暴力は厳密には体罰ではない。それは、罰と称するものは、その結果において行動を減少させることを伴うからである。だから現代、体罰として言説化されているものは、多くは罰を意識して使用されているものではなく、親の気まぐれの暴力である。セリグマン（Seligman, M. E. P.）がいうように、回避することのできない苦痛刺激に曝されることは、苦痛な刺激場面を経験するという「外傷」体験そのものではなく、自分の反応が「外傷」をコントロールすることができないという「対処不可能性」の学習が、無力感の形成の重要な要因となっているのである。

　自分には愛情が欠けているのではないかと深刻に悩んでいる母親が、しかし子どもにまとわりつかれるのが耐えられず、拒絶のメッセージを精いっぱいの優しさにくるんで差し出す。「ほら、もう眠いでしょ。ベッドに行きなさい。」これに子どもが素直に従うと、母親は自分の愛情不足にますます不安を募らせ、子どもを引き寄せるのだけれど、顔は苦痛に歪んでいる。母親の発話や行為と、感情や態度が、ここでは逆理的な膠着状態を示している。生存にとって抜き差しならない状況の中で、矛盾したメッセージがひとつに絡まり、しかもその矛盾を解きほぐせない。こんな関係に閉じ込められて育っていく子どもは、メッセージの意味づけをしないことを学習していくのだとベイトソン（Bateson, G.）は考えた。ベイトソンはそのことをダブルバインドと呼ぶ。すなわち、矛盾したメッセージの受け手としての子どもは、「対処不可能性」により、明らかに情緒の不安定さを示す。児童虐待の親が示す「子どもを愛さなければならない」という建前と「つい」という本音との心的葛藤こそダブルバインドなのである。

　親が「一貫したメッセージを発信」し、子どもに対するかかわりに統一性を持たないと、子どもの情緒は安定しない。情緒の安定が図られないと、

その場に合わせて自在にそれを使えることができる。したがって、何がスキルかということが具体的に指示されなければ、対人関係を円滑にすすめることはできないのである。

　だから、「指示的で強いる援助」。トムリソン（Thomlison, B.）は、新しいスキルを発展させ、知識基盤を増進させる一方で、子どもの強さに立脚することは、行動論的ソーシャルワークの特徴である[12]という。筆者は、児童自立支援施設の援助実践が、行動論的ソーシャルワークに立脚して行なわれていると考える。子どものすべての行動は学習される。すなわち「環境における変化と他者から受ける強化を変化させること、そして新たな行動を習得することで生じる自己知覚を拡張することによって、子どものすべての行動に変化をもたらすことができる[13]」とする考え方である。児童自立支援施設における、内面の改善に先んじて外枠にはめることが結果的に変容をもたらすのだという発想は、子どもの可能性を認めるだけでなく、彼らが自然に成長する力を十分に利用することを条件としている[14]。

　相良敦子は、「とにかく楽しいことが大事」「子どもが自分で身につけるのに任せるべきだ」「教えてはいけない」などという奇妙な考え方が広まったのは、1990年からの、子どもの自由と主体性を大切にする「自由保育」の結果である[15]という。モンテッソーリがいうには、子どもには「正しい動き方を学びたい」という生命の欲求が存在する[16]のであるから、「自由」ではない援助が必要である。指示的で強いる援助方法は、獲得すべきスキルを具体的に設定した、信頼関係を構築するために必要な「一貫したメッセージを発信」する方法なのである。

第三節　「withの精神」

　援助者が自らモデルになることは、統一性のあるつまり一貫したnonverbalな（言葉によらない）メッセージである。しかし、実際は、verbalな部分（言葉）による相互作用によって信頼関係が構築される。

この施設においてしばしば語られる「withの精神」とは、青木延春が1953年、カナー（Kanner, L.）の言葉（with the children）を引用して、唱えたものである。青木がいう「withの精神」は、治療環境（暖かい雰囲気）と治療教育（児童精神分析）の二つの側面があり、従来は「暖かい雰囲気」や「共に生活する」という環境的側面が強調されてきた。[17]しかし筆者は、この言葉が児童自立支援施設に浸透しているのは、違った側面においてであると考える。それは、行動論で言う「モデリング」の側面である。

　三宅和夫は、「子どもが、自分と親やモデルとが身体的ないし心理的な属性を共有していると、信ずること。子どもは親との日常の密接な交渉を通して様々な身体的類似点を、親との間に認めること」から、「同一視」が始まるという。しかし、同一視という概念は現象を呼ぶ「呼称」に過ぎない。そこで、バンデューラ（Bandura, A.）が従来の「模倣」や「同一視」と言った概念を包括するものとして「モデリング」を提唱した。モデリングとは、他者の行動やその結果をモデル（手本）として観察することにより、観察者（子ども）の行動に変化が生ずる現象のことをいう。

　バンデューラによれば、モデリングの効果は三つある。

　①観察学習効果──モデルの行動を観察することにより新しい行動パターンを習得すること。
　②制止・脱制止効果──すでに習得している行動を抑制・抑止したり、逆にその抑制を弱めたりする働き。
　③反応促進効果──他者の行動によって、子どもがすでに習得している行動が喚起され、誘発される。

という三つである。[18]しかし、ポールソンとキミシス（Poulson & Kymissis）は、モデルと子どもの間に通常生じている相互作用には、モデリングに対して、賞賛やその他の形で注意を向けるといったことが含まれている[19]という。子どもがモデルに「親しみを持つ」ようになるのは、モデルが繰り返し適切な反応を示すことによってである。[20]したがって、「withの精神」は、「共

「飴玉」などの一次性強化子は、社会的強化子を確立するための手段であり、子どもに「飴玉」を手渡す時の社会的相互作用が、強化子なのである。すなわち、「飴玉」を手渡される時の「晴れがましさ」が、子どもにとって強化子である。一次的強化子は、間歇使用が効果的である。いつもいつも目標を達成した時に「飴玉」を与えるわけではなく、困難な目標達成に対しての利用が効果的である。

第五節　「遊び」による動機付け

　子どもが目標を達成すると、充実感を味わう。それが自己効力感（self-efficacy）を生み出す。児童自立支援施設は、目標を具体的に指示する。子どもの目標に対する動機付けは、「遊び」つまり不確実性の楽しさを利用することによって生起させることができる。

　モンテッソーリは、子どもが「集中」することによって「良い状態」に変わっていく事実から、「活動の周期」と呼ぶ子どもの一連の行動パターンを発見した。それは、次のように要約できる。

| 自由に遊ぶ | → | 繰り返す | → | 集中する | → | 充実感や達成感をもって終わる |

　この四つのステップを踏みしめた時に、子どもは内面から変わり、自分をコントロールする力が出てくる[24]という。児童自立支援施設においては、集中させることの取り組みとして、たとえば、作業中には「私語をしない」「一定の範囲をすべてやり終える」などを具体的に指示している。そして、黙々と「集中」して取り組んだ結果、子どもは大きな充実感や達成感を味わうのである。

　では、児童自立支援施設の指示的で強いる援助方法の中で、「自由に選ぶ」という自主選択に替わる動機付けはどのようにして得させればよいのであろう。筆者は、子どもの動機付けは「遊び」によって生起すると考え

る。遊びとは、自分の恣意通り運ばず、結果がわからない不確実性を有する「楽しさ」である。カイヨワ（Caillois, R.）は、遊びには①「**模倣**」②「**競争**」③「**賭け**」④「**めまい**」の四つの要素があるという。[25]

①動機付けとの関連で見た場合、「**模倣**」はモデリングと対応している。モデリングが「遊び」になり得るのは、上手に真似きれない不確実性の「楽しさ」を通してである。それゆえ、子どもの模倣に完璧を求めてはいけないのである。

②「**競争**」とは、個人の実力による優劣である。児童自立支援施設の子どもは、新しいことに挑戦するのには消極的である。しかし、自己防衛の裏返しである自己顕示欲が強いので、負けず嫌いである。他の子どもと比較して、勝算が少ないと全くやる気を見せないが、勝算があると判断した場合、勝利のために集中して取り組む。したがって、動機付けに「競争」を用いることは大きな効果がある。しかし、動機付けのための競争は、あくまでも遊びなのだから、子どもの実力差が大きい場面での利用は避けるべきである。たとえば、草刈り作業の場合、それぞれの子どもに区域を設定して、「誰が一番ていねいに刈れるかな」と指示を出す。この場合、「早い」という実力差がつく競争ではなく、「丁寧」という精度を競うところにポイントをおけば、どの子どもも勝算ありと判断して、競って集中するのである。

③「**賭け**」とは、偶然による勝敗である。児童自立支援施設の子どもは、長い時間的展望が持てず、刹那的である。したがって、行動の結果を「即決的」に求めてしまうことが多い。それゆえ、長期的な課題達成への動機付けには、一次的強化子の利用が効果的である。筆者は、動機付けに「缶コーラ一本」を利用する。比較的困難な課題を設定して、それを達成すると「缶コーラ一本」が偶然手に入るという賭けの遊びである。「賭け」は、課題達成時には必ず一次的強化子を獲得できるという、行動の結果に対し

第五章　実践Ⅱ　——集団の凝集

　子どもが相互作用をなす環境要件としての、所属集団の凝集が高められないと、援助者との間に信頼関係が結べることは難しい。集団作りは、メンバーの凝集性を高めることを手段に、個々の子どもの主体的活動を目標とする。そのためには、援助者の集団への働きかけの方法を具体化する必要がある。この施設で体験的になされてきた援助方法を検証し、理論化する。さらに、居心地と、ルールの設定・運用と分配の公平性を、凝集性とのかかわりで述べていく。

第一節　グループワークの実践

　児童自立支援施設は、その成立を1788年のイギリスの倫敦慈善協会（London Philanthropic Society）にまで遡ることができる。倫敦慈善協会の活動はグループワークの嚆矢であって、児童自立支援施設はグループワークの実践を現代まで綿々と引き継いでいる。しかし、この施設がグループワークとして語られることがないのは、小舎夫婦制を基盤としているからである。

　1899（明治32）年11月、留岡幸助が巣鴨家庭学校を設立する。その家庭学校を創設するに大きなヒントとなった感化院を、二井仁美は当地の実地をふまえ、アメリカのライマン・スクールではないか[1]という。また、田澤薫も「ライマン・スクールやランカストル等、アメリカの感化施設の影

響が大きいことが明らか[2]」という。これらの施設はキリスト教精神とアメリカの良識に支えられた。信仰に厚く裕福で良識に富んだ市民が評議員として運営を担い、施設の宗教性は大概敷地の中心に建てられた礼拝堂に象徴された。こうした試みは、合理的手法がもたらす進歩への信頼と楽観主義に、開拓精神が加わってうまれた、非行児童を善き市民に育てる理想郷建設の夢であったと評される[3]。いかにも感化施設は、アメリカのフロンティア精神がもたらした「発明」であるように論じられている。

しかし、留岡の著作『感化事業之発達』によると、イギリスにおいて「1788年に基督教徒の紳士等、倫敦慈善協会（London Philanthropic Society）なるものを設立せり。協会の運動は漸次隆盛に赴き、其結果大に見るべきものあり。而して其把りたる制度は則ち家族制にして、作業の主なるものは農業なり。該協会の創立は彼の欧州各国の模範的感化院たる独逸の『ラウヘー、ホース』仏の『メットレー』に先つ凡そ五十余年なりとす。1806年協会は国会の決議により政府事業として維持することとなれり而して其救児運動は三大分派に岐る、すなわち第一幼年囚徒の監獄学校（プリヅンスクール）、第二孤独なる小児の授職学校、第三貧困女子の授職学校是なり[4]」とある。有名な監獄改良指導者であるハワード（Howard, J.）等によって設立された倫敦慈善協会は貧民社会事業を展開していく中で、徐々に非行少年問題にも力を入れ始めていた。特に1806年に各地の救貧事業への政府からの補助が決定されたのを機会に、協会の感化事業的側面は強化されていった。事実、ニューヨーク貧困防止協会のグリスコム（Griscom, J.）が1818年に倫敦慈善協会の事業を視察した時には、そこではすでに非行少年に対する教育と職業訓練のプログラムが定着しており、強い印象を受けたといわれる[5]。アメリカに感化施設が誕生するには1818年のニューヨーク貧困防止協会による「避罪院」（House of refuge）まで待たねばならなかった。しかるに、感化施設の成立は1788年のイギリスの倫敦慈善協会（London Philanthropic Society）にまで遡ることができる。

黒木保博によると、グループワークは19世紀後半のイギリスにその萌芽を見ることができる[6]という。この時期イギリスは産業革命による深刻

る。カートライト（Cartwright, J. A.）は、集団のその望ましい状態に到達することに役立つ集団メンバーのすべての行動を、集団機能（group function）と定義した[15]。集団機能のうち、意図的で能動的な対人影響力の行使をリーダーシップ機能と定義される。リーダーシップ機能は、リーダーと目される特定の人物の個人的行動に必ずしも限定されるべきものではなく、集団内の複数の、場合によってはすべてのメンバーによって遂行される可能性を持つものと考えられる。それゆえ、児童自立支援施設運営ハンドブックには、「リーダーシップのとれる子どもを育成する[16]」と述べられているように、もちろん子どもにもリーダーシップ機能は有する。だが、通常リーダーと言われる人物は、リーダーシップ機能の占有率の最も高いメンバーであるので、児童自立支援施設においては、援助者たる自立支援専門員と生活支援員ということになる。

集団活動の持続のためには、基本的なリーダーシップ機能として、課題志向的リーダーシップ機能と集団維持的リーダーシップ機能とがある。バレス（Bales, R. F.）は、集団のリーダーシップは、二つの相補的なリーダーすなわち課題リーダー（task specialist）と社会情緒的リーダー（social emotion specialist）とに分化しやすい[17]と述べている。バレスは両役割を一人で担当するメンバーを「卓越したリーダー」（great man）と呼んでいるくらいであるから、通常は分化するのが自然であると考えられる。

課題リーダーは、最良のアイデアを提供し討議をもっとも強く主導する者であり、課題に集中し集団を解決に向けて移行させるときに攻撃的役割を演じやすく、それゆえ敵意を喚起し嫌われるようになる。このような事態で集団の社会情緒的問題の解決に関わり、集団内部の緊張や葛藤を解決して集団のまとまりを確保しようとする役割を担うメンバーが出現する。これが社会情緒的リーダーといわれるものである。

児童自立支援施設においては、課題リーダーは男性である自立支援専門員が、社会情緒的リーダーは女性である生活支援員がその機能を果たすと考えられている。しかし蜂屋良彦が「集団内での援助者の行動は、個々の子どもと結びついた特殊な課題になってくると、役割はその子どもの性別

と密接に関係し、たとえば女児に対する援助者の役割に関していえば、女性が課題志向的で男性が集団維持的である。」[18]というように、対象となる子どもの性別によって援助者の機能は転換する。児童自立支援施設においては、男児より、女児の援助の方が難しいと言われるのが定説である。それは、女児の特性もあろうが、男児と女児とで、援助者のリーダー機能の転換が円滑に行なわれていないためであると考えられる。

ベルバ（Verba, S.）が言うには、課題リーダーと社会情緒的リーダーの二人は、他のメンバーのどの一組よりも頻繁に相互作用する傾向があり、等しく重要なことは、お互いに頻繁に同意する傾向があるということである。このような二人の集団リーダー間の提携が、集団が効果的に機能するためには重要である[19]。したがって、両リーダーが緊密な関係にある小舎夫婦制では、集団課題達成に向けて課題リーダーの圧力に対して子どもの不満が生じたとしても、社会情緒的リーダーから情緒的支持を強く受けている子どもによって、集団課題遂行を支持する方向に不満は処理され、集団の凝集が行なわれる。つまり、小舎夫婦制の援助者である一組の夫婦は、リーダーシップの二つの機能を適切に分担することによって、強い信頼関係を得ることが可能となるのである。このことは、交替制の寮舎形態では成しえないものであり、ここに小舎夫婦制の強力なグループワーク機能が有するといえる。

小舎夫婦制は、課題リーダーと社会情緒的リーダーの二人が一組になって援助に当たる。集団の凝集を高め、信頼関係を構築するためには、夫婦でなくとも、二人一組という援助体制が必要である。児童福祉施設最低基準第八十条二項は、「児童自立支援専門員及び児童生活支援員の総数は、通じておおむね児童5人につき1人以上とする」と定めている。しかし、集団援助は課題リーダーと社会情緒的リーダーの二人が一組になって援助に当たることからすれば、一人の援助者当たりの定数を定めることは適当でない。ヘア（Hare, A.）は調査から、集団規模が6-7人を超えるとメンバーは他のメンバーを個々に識別することが困難になる[20]と報告している。硯川眞旬は、集団が「われわれ意識」「共通意識」を持てる可能な人数は10名

に作用する。肩や腰のマッサージは、サルのグルーミング同様、決して序列の上位の者は下位の者には行なわない。

序列の変動

ケンカは、対人関係上のトラブルを即決的に解決しようとする方法ではあるが、必ず序列の上下関係をもたらすので、起こった時はすぐさま制止し、勝敗を着けさせてはいけない。

子どもの間の序列は、社会経験が乏しいがゆえに生じるものであるので、子どもがそうした関係に陥りやすいからといって、援助者が積極的に肯定したり、またそれを利用して集団を運営しようとしてはいけない。集団を把握しやすいように見えても、実際は下の子どもほど抑圧を募らせており、集団への帰属意識が薄いのである。

こうしたことを規制するために、「人の身体にむやみに触れない」というルールを設定する。

②人にあだ名をつけない（名前で呼び合う）

子ども同士であだ名をつける場合、多くは身体的特徴を捉まえたものである。あだ名は、親密の情と解される場合もあるが、実際は違う。名前を呼ぶほどに親しくないから、「きみ」や「おまえ」と呼ぶ代わりに「ゴリラ」や「ブタ」などと呼ぶのである。あだ名における親密の情とは、つけられたあだ名を呼ばれるうちに他の状況から親密度を増したことによって、そのあだ名を自分のこととして受け入れることである。だから、あだ名をつけることが親密さを意味するのではない。したがって、相手を固有の人として受容するために、必ず名前で呼ぶようにし、「人をあだ名で呼んではいけない」ことをルールにする。

③大きな声で挨拶、返事をする（コミュニケーションのnonverbalな部分を減じる）

挨拶はコミュニケーションの手段である。河合雅雄が、「ともすれば子どもの社会性が欠如しがちな現代の風潮の中では、挨拶つまり心のチャ

ンネルと通じ合わせる行動を、きちんと身につけさせておきたいものだ。それは、社会的動物として生きるための知恵なのである。」[28]というように、重要な社会的スキルである。しかし、コミュニケーションは言葉（verbal）だけによって伝わるのではない。言葉を伝える時の表情やしぐさや声の強弱（nonverbal）によって言葉の持つ意味とは違った意味も伝える。好感を持つ者や序列の上位の者に対しては大きな声で元気よく挨拶するのに対し、そうでない者には小さく如何にも邪魔くさそうにするなど、nonverbal な部分は序列の影響を受ける。だから、挨拶や返事には nonverbal な部分が伴わないように、いつでもどこでも誰に対しても「大きな声で挨拶、返事をする」ことをルールにする。

④人の失敗を笑わない（自己防衛を解く）

　自分の失敗を笑われたくないから、子どもたちは強力な自己防衛を張る。新しい課題を指示されたとき、「やる気が起こらない」事を理由にして、取り組もうとしない。また、課題の説明に対しては、「やったことがある」と、聞く耳を持たない。このように、自分の経験の中だけで判断し、新しいものを受け付けない。すべてが、失敗に対する恐れであり、それは社会的経験が不足しているが故である。だから、自己防衛の裏面である他者への攻撃は、容赦なく行なわれる。他の子どもの些細な不注意や失敗をとらえて、嘲笑し罵倒することは、カタルシスであると同時に最大の自己防衛である。したがって、新しい課題への挑戦に取り組む姿勢を失わせないため、「人の失敗を笑わない」ことをルールにする。

　どの子どももみんな寮集団に愛着と帰属意識を持ち、自分のもつ力を十分に活用できるよう、安定した集団運営にはルールは欠かせないのである。子どもの状況によってそのときだけ設定するルールもある。しかし、「人の身体にむやみに触れない」というのは軽く触れただけでもいけないのか、「大きな声で」とは何デシベル以上を言うのか、そういった「程度」の問題は、すべてルールの運用にかかっている。

ルールをどう運用できるか、つまり子どもたちの納得を得るかということを、子どもは注視している。納得できないと援助者の全人格を否定して、信頼関係は崩壊する。三方一両損の格言のように、胸のすくような決着を子どもは待っている。そのためには、「ルールを守るのが当たり前」ではないことをまず念頭におかなければならない。ルールを守ることが当たり前という考えが前提にあると、ルールを守れない子どもに対して、叱ったり注意をしたりと、目を向けてしまう。しかし、その他のきちんとルールを守っている子どもたちが、「当たり前」と黙殺されることは、対人関係上叱られることよりも辛いことである。だから、「ルールを守れる子どもがえらい」と考える。

　たとえば、ある子どもが「おはようございます」と大きな声で挨拶をしたとき、援助者は「おはよう、大きな声で元気がいいねぇ」と言い、続けて「他の子も見習うように」。これがいけない。そう言った時点で援助者の関心は、「他の子」に移ってしまっているからである。その場合は「君の声が一番大きい」と言うと、その子どもは誇らしげに満面の笑みを浮かべる。そして、他の子どもも「一番」として援助者に認められたいがために競って大きな声を出すという効果を生むのである。

第五節　分配の公平性

　対人関係の調整を図るためにルールの設定と運用の重要性を述べたが、もうひとつ重要なことは「分配の公平性」である。早い者勝ち、強い者勝ちのシステムでは、不公平感が募り、集団を維持できない。

　援助者と子どもが一体化することはそもそも無理である。子どもは、子ども独自のサブグループを形成する。児童自立支援施設運営ハンドブックによると、援助者のなすべきこととして「リーダーシップをとる子どもを選び出すこと」[29]を挙げている。しかし、リーダーシップをとる子どもはサブグループの中から自然発生的に生まれるものであり、それは援助者が入

り込めないインフォーマルな部分である。フォーマル・グループのリーダーである援助者が恣意的に指名すると、子どもたちサブグループの力動と乖離し、援助者の指示を受け付けなくなってしまう。または、子どものリーダーを追認することによって、サブグループの力は増大し、リーダーである援助者の手に負えないものとなってしまうのである。だから、「リーダーシップをとる子どもを選び出すこと」は決して行なってはいけない。援助者が行なうのは、当番制によって役割を持ち回りさせることである。

　子どもの得手不得手や力量の差は必ずあるものだが、だからといって役割を固定化することはいけない。どの子どもも、援助者や他の子どもから認められたいという承認の欲求は強く持っており、「きみはこの程度だから」というレッテルを貼ってしまうと、「この程度」の期待値に応える行動しかとらないのである。就寝前の後片付けなど、日常生活場面での役割分担はすべて日替わりの輪番制にしている。また、食事当番などでは、何人かの子どもだけが当番に当たるという方法ではなく、すべての子どもが何らかの当番に当たるようにしている。

　しかし、作業など力量の差が進捗状況に大きく影響する場面では、作業内容にヒエラルヒーを設けている。筆者が以前行なっていた牛舎作業では、[30]

①牛舎外の庭掃除　　②汚水の汲み出し　　③牛に干草をやる
④牛に配合飼料をやる　⑤搾乳道具の洗浄　　⑥育成牛の洗体
⑦搾乳　　　　　　　⑧搾乳指導と庭掃除

の役割分担を、新しく入ってきた子どもは①番から順に昇格していくというシステムをとっていた。あくまでも順番であるが、牛の乳を搾れるようになるには半年ほど待たねばならず、どの子どもも搾乳の番まで昇ってくると感激していた。長期にわたる役割分担では、ヒエラルヒーは子どもの意欲に大きく作用するのである。加えて、ヒエラルヒーの頂点の仕事が、最初の仕事と同じであるというのがポイントである。

　全員で行なうほどの人数は要らず、何人かの子どもに手伝ってもらいた

第五章　実践Ⅱ——集団の凝集　　119

食べている。楽しい話題にわぁっと盛り上がる場合もあるが、そのどちらもが団欒の形態といえる。毎食「和気あいあい」と食べることを強要されるのは「苦痛」である。もし「食事は和気あいあいと食べる方がよい」と考えるなら、それは会話をしていなければコミュニケーションが成り立たない未成熟な集団である。実際に親密な集団では、ことさら喋らなくてもくつろいでしまうのである。

　小舎夫婦制では、援助者も合わせて居住しているため、寮舎に対して「我が家」という気持ちが強い。だから、なるべく施設的なものを排して、家庭的にしようと心がける。しかし、実際は社会的自立を目標にした課題志向的集団であるから、「非日常空間」であるべきである。我が家であれば、多少雑然としていても、いやそのほうが落ち着ける。ところが、寮舎は、集団生活の場であるから、清潔が基本である。辻創は、共同体の運営を成功させる第一の秘訣は「清潔さの維持」である[33]という。みんなの家ではなく、「非日常空間」であるホテルや旅館並みの清潔を心がける必要があると思う。そのための、掃除指導は重要である。

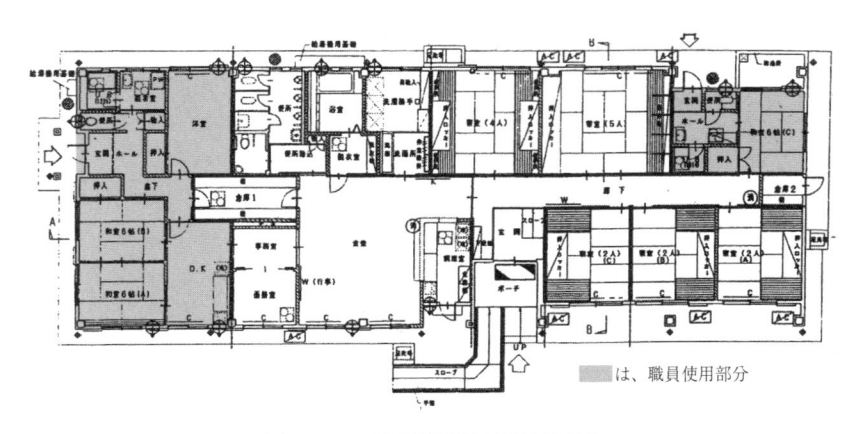

図5-3　淡海学園鈴鹿寮平面図

この寮舎の特徴は、食堂（ホール）に面してトイレ、風呂、洗面所、台所と、すべての水回りがそろっていることである。さらに、4人用と5人用の大部屋のほかに、2人部屋を3部屋用意している。定員は15名である。

舛田光洋は「部屋は住んでいる人の人生をあらわす[34]」と言い、掃除の重要性を力説する。ジンバルト（Zimbardo, P. G.）のいう「ブロークンウィンドウ理論」によると、まったく壊れていない車を一週間放置しても荒らされないが、窓ガラスの割れを加えただけでたった10分で盗難や破壊で廃車同然になってしまう。このように小さなマイナスをほおって置くと、さまざまな大きなマイナスまで引き寄せてしまうのである[35]。子どもたちの落ち着きも、清潔さの維持から始まる。掃除場所を分担させるにあたって、新しく入ってきた子どもは、ひとりで掃除させることなく、以前からいる子どもの一人とペアにさせて、掃除の仕方を学ばせるようにしている。

第七節　「場」の提供

　子どもが個室に篭ることを前提にすれば、子どもの権利とはプライバシーの保護ということになる。しかし、個室に篭ることが、良いのか悪いのかという価値判断はさておき、楽しいのか楽しくないのかという欲求のレベルで判断すると、仕方がないので篭っているだけで決して楽しくはないと思う。個室とか、所持品とか、そうした個人のモノを尊重する背景は、大衆消費社会にある。人を個人として閉じ込めておかなければ、消費は拡大しないのである。気の知れた仲間が大勢いてごろごろくつろいでいるところには、モノが入り込む余地はないのである。児童自立支援施設における集団援助とはそうした現代の社会システムへの挑戦ともいえる。しかし、真の豊かさが人と人との関係にあるという真理は、大衆消費社会に迎合する必要のないことを指し示す。

　見田宗介が「大衆が消費することは、それが資本の増殖過程の一環をなすからといって、それが大衆自身の喜びであることに変わりはない[36]」というように、大衆消費社会は魅力的ではある。しかし、魅力の裏側にある、人間の疎外に子どもたちは苦しんでいるのである。

　児童自立支援施設運営ハンドブックが、「最近、従来の性非行にかわっ

て『援助交際』という問題行動が目立つ。表面的には、女生徒の『性を利用した小遣い稼ぎ』と世間一般ではみることが多いが、果たしてそうであろうか。そこには、どの非行にも当てはまることであるが、大人の無理解による子ども側の『心の渇き』があるのである。[37]」と、指摘するように、人間疎外を貨幣で代償しようとする現代の病理が見てとれる。だからこそ、児童自立支援施設の真髄は集団援助にある。

　山内弘継も「人間関係を重要視せずに指導に努力を重ねたとしても全く意味のない、そして無駄な時間を消費したにすぎない。しかしこれはソーシャルワークを無視したことにはならない。寧ろこの施設におけるソーシャルワークの方法の特殊性を知らねばならないと考えるのである。[38]」といっている。

　児童自立支援施設における援助の実践は、まず安定した集団を作っていく。そのことができてはじめて個別的援助ができるのである。感化法がその目的を「独立自営」と捉えた素地には、人格の根本的改造までしなくても普通の生活を営むことができればそれで良いとする、人間観があった。

写真5-4　穴窯の焼成風景
2泊3日（60時間）松の薪を燃やし続ける。窯は子どもたちと筆者で作った。

児童自立支援施設においても、子どもの問題行動が、その子ども自身のおかれた社会的立場を背景になされているという認識のもと、社会的自立のための能力の育成を「自立支援」と捉える。だから、従来見られたようなカウンセリングは、現状に子どもを合わせるがための「説得」に過ぎない。子どもには現状打開のための力（パワー）がもっと必要なのである。それゆえ、個別的援助に必要なのは、心理療法やカウンセリングなどの「気休め」ではなく、積極的に自己に力（パワー）をつけるための「場」の提供である。

第八節　遊びの集団力学

　子どもたちが暮らす生活寮は、援助者をリーダーとした課題志向的集団であるが、子ども同士の間で情緒安定のためのサブグループを形成する。「Ｓケン」という戦闘的なゲームを行なうにあたって、サブグループの力動はどう働くのか調べてみた。すべての子どもが揚々としてゲームを楽しむためには、子どもの間に序列を作らないことが重要である。

メンバーの人間関係

　児童自立支援施設の援助は、寮を単位として、集団に対して行なわれる。そこではできる限り集団の力を活用する。それは、同じような苦しみや悲しみを経験したり、問題を抱えている子どもたちが、互いを理解し、助け合いながら、それぞれの問題の解決を目指していくことにおいて、集団は援助の基礎的な構成要素であるからである[39]。したがって、児童自立支援施設の寮集団は、援助者をリーダーとした課題志向的集団であるといえる。

　ところが、課題志向的集団といえども、子ども同士の間で情緒安定のための人間関係の力動が働く。リーダーである援助者が入り込めない、子どもだけのサブグループを形成するのである。そうした子どもの人間関係を把握するために、ソシオメトリック・テストを行なった。その方法は、子

て、どの子どもにも寮集団に愛着と所属意識が湧き、一つ間違えば危ないSケンというゲームを揚々として楽しむことができるのである。

【注・引用文献】

1) 室田保夫『留岡幸助の研究』不二出版、1998年、276頁。
2) 田澤薫『留岡幸助と感化教育』勁草書房、1999年、55頁。
   ライマン・スクールは1847年、ランカストル感化院は1855年の設立である。
3) 同、49頁。
4) 留岡幸助『感化事業之発達』警醒社書店、1897年、39頁。
5) 長沼友兄「明治初年代における欧米感化事業との出会い」全国教護院協議会編『非行問題』204号、1998年、83頁。
6) 黒木保博「グループワークの生成と発展」大塚達雄他編『グループワーク論』ミネルヴァ書房、1986年、17頁。
7) 田澤薫、前掲、5頁。
8) 黒木保博、前掲、29頁。
9) 大塚達雄「ソーシャルワークにおけるグループワーク」大塚達雄他編『グループワーク論』ミネルヴァ書房、1986年、14頁。
10) 全国感化院年報「感化教育」第12号、感化教育会、1928年、75頁。
    それによると、昭和3年における感化院の総数は62箇所で、官立3、道府県立が35、市立並びに私立にして代用たるものが14、代用以外の私立が10であった。家族制度は42、家族制度と寄宿制度の併用が8、その他は寄宿制または折衷制である。家族制度の収容定員は、一室に5人乃至9人を収容して一舎に40名を容れる札幌報恩学園のごとき、大家族舎もあり。之に次いでは、家庭学校の甲号家族舎、井之頭学校、山陰慈育家庭学院の30名、埼玉学園の甲号家族舎の25名などが、数の大なるものである。少数の部には、埼玉学園の丙号家庭舎、成田学園乙号家族舎、那須学園乙号家族舎等の5名が最小にして、10名乃至15名の家族舎が最も多いとのことである。
11) 全国児童自立支援施設協議会『児童自立支援施設運営ハンドブック』三学出版、1999年、351頁。

それによると、交替制施設が29カ所、夫婦制（代替制・併立寮制を含む）施設が27カ所、併立制施設が1カ所（1999年3月31日現在）である。
12) 林義則「新しい教護院を目指した三年間」全国教護院協議会編「非行問題」204号、1998年、171頁。
13) 田澤薫、前掲、134頁。
14) 武田建『カウンセラー入門』誠信書房、1984年、106頁。
15) 蜂屋良彦『集団の賢さと愚かさ』ミネルヴァ書房、1999年、2頁。
16) 全国児童自立支援施設協議会、前掲、252頁。
17) 蜂屋良彦、前掲、22頁。
18) 同、23頁。
19) 同、36頁。
20) 同、27頁。
21) 硯川眞旬「個人とグループの理解」大塚達雄他編『グループワーク論』ミネルヴァ書房、1986年、46頁。
22) 全国児童自立支援施設協議会、前掲、234頁。
23) 小田兼三・杉本敏夫・久田則夫編『エンパワメント実践の理論と技法』中央法規出版、1999年、10頁。
24) 同、48頁。
25) 同、47頁。
　　同じような苦しみや悲しみを経験したり、問題を抱えている人たちが、互いを理解し、助け合いながら、それぞれの問題の解決を目指していくグループ活動は「セルフヘルプ活動」と呼ばれる。もともとは、障害児の親たちから始まったが、現在では、黒人、少数民族、アルコール依存症、疾病（血友病、小児ガン等）などの人々を対象に実践されてきている。
26) Jean Baudrillard 今村仁司・塚原史訳『消費社会の神話と構造』紀伊国屋書店、1995年、77頁。
27) 全国児童自立支援施設協議会、前掲、253頁。
28) 河合雅雄『子どもと自然』岩波書店、1990年、218頁。
29) 全国児童自立支援施設協議会、前掲、251頁。
30) 1966年、京都新聞社からの寄贈によって始まった淡海学園の乳牛飼育は、残念ながら1998年3月をもって廃止になってしまった。
31) 河合雅雄、前掲、90頁。
32) 仙田満『子どもとあそび』岩波書店、1992年、86頁。

33）辻創『父親のしつけ　七つの実践』草思社、1998 年、29 頁。
34）舛田光洋『「そうじ力」であなたが輝く！』総合法令出版、2006 年、18 頁。
35）同、22 頁。
36）見田宗介『現代社会の理論』岩波書店、1996 年、37 頁。
37）全国児童自立支援施設協議会、前掲、271 頁。
38）山内弘継「女子教護児にみられた集団構造」滋賀県立淡海学園職員研究録「淡海」第 6 号、1961 年、6 頁。
39）小田兼三・杉本敏夫・久田則夫編、前掲、47 頁。
40）蜂屋良彦、前掲、22 頁。
41）遠藤ケイ『こども遊び大全』新宿書房、1991 年、37 頁。
　　遠藤は、この遊びを「S 陣」と呼んでいる。
42）仙田満『子どもと遊び』岩波書店、1992 年、72 頁。
43）全国児童自立支援施設協議会、前掲、253 頁。

第六章　実践Ⅲ ──プログラム

　硯川眞旬が、「グループワークにおいて『プログラム活動』は、目標達成に効果的な『仲間関係』づくりの原動力である。」というように、効果的なプログラムが図られないと、子どもと援助者の間に信頼関係が結べることは難しいのである。

第一節　指導の三本柱

　児童自立支援施設では、生活指導、作業指導、学習指導を指導の三本柱と捉え、援助のプログラムを展開している。指導の三本柱はプログラムである。

　留岡幸助は、「能く働き、能く食べ、能く眠る」の三能主義を提唱した。ここでいう能く食べ、能く眠ることは、正常でない生活習慣を正すことを企画している。能く働くことは、三能主義の重点であり、「独立自営」のための職業教育の重要性を説いている。能く食べ、能く眠るという身体的欲求を満たすためには能く働くという課題を達成してこそ可能であるから、能く働くためのプログラムが重要である。したがって、そこには、集団援助を「癒し」という個人の欲求充足のための援助に限定することなく、環境との相互作用のための課題達成を目標とするものである。

　家庭学校概則（1899年）四条は次のようにいう。

本校生徒教養の方法は専ら職業を授け、加ふるに徳育、知育、体育および宗教をもってす。但し宗教は基督教に拠る。

　留岡は、普通教育の重要性を訴えるが、そうは言っても朝から晩まで教育するのではなく半日教育して、半日は労働をさせるのである。授業は小学校程度とし、日曜を除く六日間、午前中の八時から十二時までの四時間、時間表に基づいて行なった。学習指導は義務教育の範囲に限定し、修了者には実科教育のみを授けることにした[4]。留岡は、その著作「家庭学校第二編」において「半日教育をして、半日は畑に追い出して農業に就かせ、あるいは石鹸を製造させたり、豚を飼わせたり、鶏を飼わせたりということをさせた。文字の教育が必要であるように、実業教育はさらに必要である[5]」と述べ、職業教育の重要性を力説する。

　このことから、児童自立支援施設では、生活指導、作業指導、学習指導を指導の三本柱と捉え、援助のプログラムを展開している。しかし、児童自立支援施設では、援助活動をグループワークとして自覚できていなかったため、指導の三本柱をプログラムと考えてこなかった。したがってプログラムを「グループでの面接・討議・スポーツ・ゲーム・その他の娯楽・行事[6]」などに限定して捉えている。ところが、プログラムとは、メンバーの相互作用、グループ経験のすべてを含む一切の活動のことであるから[7]、従来児童自立支援施設が「全人教育[8]」と捉えてきた援助の実践はすべてプログラム活動なのである。それゆえ、指導の三本柱は、援助活動において密接不可分なものであって、学校教育導入による学習指導の外部依存は、措置機能の委譲に続く、この施設の機能の低下を招くものと危惧するのである。

第二節　非日常体験

　施設の生活は日常ではない。もはや現代の日常生活から「基本」は消失

している。そんな中で児童自立支援施設は、基本的生活を模索するより、子どもとの信頼関係を構築するための生活を創造すべきである。

　家庭に恵まれない子どもたちへの児童自立支援施設の役割は、家庭により近づくことであると考えられてきた。しかし、子どもたちがいくら援助者に親密感を抱き、同一視しようとも、父母とは考えない。むしろ、子どもたちは、あたかもしつけの厳しい親戚の家に預けられたような、落ち着けない居心地の悪さを感じる。だから、家庭に近づこうとすればするほど、本当の家庭にはかなわないというジレンマに陥る。児童自立支援施設は家庭そのものを目指してはいけない。子どもたちが家庭で得られなかったものは何か、それは家庭そのものではなく、信頼関係である。子どもたちはどうすれば人とうまく付き合っていけるか、その方法が知りたい。三度の食事の作り方を知っても、やはり外食し、コンビニで弁当を買う。洗濯の仕方を覚えても、コインランドリーなら手を濡らすこともない、と考える子どもたちである。日々の生活の作法がすべて必要とは限らない。

　しかし、人とうまく付き合っていくには、そのための社会的スキルが必要である。自己主張する子どもは、「着る服は自分で決めたい」と言う。ところが、それが通用する場所もあれば、通用しない局面もあるのが、現実の世の中である。[9]児童自立支援施設の子どもたちは、人とうまく付き合っていくための社会的スキルを獲得できていない。挨拶・返事をする。起床・就寝時間が一定である。敬語を使う。食事の好き嫌いがない、などの社会的スキルは、基本的には家庭においてしか習得できず、学校や地域で代替できない部分である。したがって、親が身につけていないものを子どもが身につけることは、不可能といえる。それゆえ児童自立支援施設は、こうした社会的スキルの獲得、言い換えれば基本的な生活習慣を身につけることを重視してきた。

　秋田県中央児童相談所の米沢禎は、施設教育の伝統はミリタント（militant＝軍隊方式）である[10]（括弧内引用者）という。それは、施設が基本的生活習慣の獲得を精神修養として行なってきたことを指している。それほど「基本的生活習慣」とは、多くの人に共通の、まさに「基本」であっ

たからである。ところが、生活スタイルが多様化し、何をもって「基本的生活習慣」というのか、極めて曖昧になってしまった。そこに児童自立支援施設の迷いがあり、ハンドブックにも「援助者はみずからの価値観によるものを、子どもたちに押しつけるのではなく[11]」などという、自信のなさが見てとれるのである。

　子どもにとって児童自立支援施設とは、必ず退所する場所であり、一時的な通過点である。そこに存在するのは、施設に入ってくるまでの日常とは全く別の非日常空間である。従来は、施設の暮らしを日常と捉え、子どもが施設に入ってくるまでの暮らしは「間違った」暮らしであると考えていた。しかし、生活スタイルが多様化し、「基本」を指し示せない状況の中で、たとえば「一人ひとりの子どものプライベートな時間・空間を確保する[12]」などという、子どもの現状を日常と捉えるがゆえに、児童自立支援施設はその機能を不全化させるような暮らしを志向するようになってきている。

　児童自立支援施設の生活指導は、社会的自立のための援助の手段なのであるから、目的をもった「非日常の体験」である。問題行動を起こす子どもにとって、規則正しい生活は、非日常体験である。その達成感によって、信頼関係を構築するのである。だから、規則正しい生活はできて当たり前ではない、できたらえらいのである。それゆえ、児童自立支援施設では、日常ではない体験に意味を持つ。

　大阪市立阿武山学園の下川隆士は、「児童自立支援施設が自己反省をしないといけない面は、なぜあれほどスポーツに力を入れるのかということがある[13]」という。昨今の児童自立支援施設の現状を見ると、学習指導やクラブ活動に比重をかける施設が多くなってきている[14]。下川が、「それしか子どもを引っ張るものはないのかと思う。スポーツは、勝ち負けという目標があるから、子どもを引っ張りやすい。」というように、スポーツによる競争は、日常である。児童自立支援施設に入ってくる子どもたちが、社会での競争の敗者であることを考えると、そうした日常体験よりも、今までに子ども達が味わったことのない体験を多く味わわせてやりたいと思う。

第六章　実践Ⅲ——プログラム　　137

写真6-1　松の木倒し
全力で切って、疲れたら次の人と交代する。

土・日の休みの過ごし方[22]

　5月から、ロバを飼っています。野生に近い品種でしかもオスなので、二束三文で手に入れました。7歳というので、人間にしたら中学生ぐらいでしょうか。愛嬌がなくしかも頑固だから、嫌だと思ったらテコでも動きません。だけど機嫌のいい時は、背中に乗せてくれます。今年の9月はとても暑くて、休みのたびに川に行きました。学園から2キロほど歩いていくと野洲川の本流につきます。もちろん代わりばんこにロバに乗って行きました。道々驚いた顔で振り返る車の中の人たちを横目で見ながら、少し優越感に浸ります。川につくと傍らにロバをつないで、さっそく川に飛び込みます。といっても深さは腰ぐらいまでで、淵のようなところでも首ぐらいしかありません。それぞれの手にヤスを持って、目当てはアユです。この時期はアユ漁期が終わっていて、もう入漁料を払う必要がありませんので思い切ってアユを突くことができます。といっても、目の前を行き交うアユを実際に突けるのは、みんなで数匹といったところです。ひとしきり夢中になって体が冷えると、ドラム缶風呂で温まります。これは、リヤカーを引いて持ってきて、川に着くとすぐに川の水を汲んで薪で火を起こして用意しておくのです。ほっこり温まるとまたヤスを手に潜ります。こんなことを繰り返しているうちに、日が傾いてきたら帰ります。帰り道々ロバが、傍らの草を食べては立ち止まるのを、みんなで押しては動き出す、本当にロバは道草が好きです。わずかながらの獲物のアユは、夕食に七輪で焼いて食べます。9月の休みは、こんなふうにして過ごしました。

10月になると、ヘビもいなくなるので、野山に分け入ります。アケビは高い木々にからんだツルの先になっているので、見つけたら頭の黒いサル（？）軍団がわれ先にと木に登ってもぎ取っては食べ、上からタネの雨を降らせます。それからは、廃屋のあたりで缶ケリをします。廃屋の屋根や天井裏、草むらなどに潜んではオニが缶から離れる機会を窺っています。とてもスリリングな遊びですが、子どもたちは、あいまに落ちている雑誌のグラビアページをむさぼり眺めるというのがひそかな楽しみらしいです。

第四節　技能の習得

　近江商人は「三方よし」などの家訓を代々伝えた。企業にはモラルが必要だが、消費者にはモラルは必要ない。なぜなら、快楽こそが消費の原動だからである。しかし、子どもの自立をいうとき、それは決して消費の主体になることをいうのではなく、社会参加をいうのであるから、自立するためには、社会化のためのモラルは必要不可欠である。モラルは快楽原理を規制するものであるから、苦痛を伴う。小河滋次郎は、「苦痛は怠慢漢をして自営自食の本分を領し、終に之に慣熟して良民的生活に復帰せしむる所以にして真正の感化は即ち此中にあつて存す」と述べた。子どもと援助者双方の痛みの分かち合いを通じて子どもは自立へと至る。決して「野放し」ではいけない。

　日本人の九割を越す者が中流と自認する現代では、「資本家による労働力の搾取」(マルクス)などという言葉は、どこか遠い国のことぐらいの感覚でしかなくなった。しかし、福祉が、資本主義社会において成立する本質に、いま一度目を据えなければならない。そうして、流行に流される自分が、実は企業の格好の餌食になっていることを認識し、消費のあり方と、労働の意味を理解することが重要である。

　大衆消費社会の「多品種少量生産」に求められる労働者の質とは消費者の欲望を開拓する「頭脳」である。それゆえ、学校教育は「高学歴化」から「高学校歴化」へとさらに高い頭脳集団を形成することに対応しようとした。偏差値による学校の序列化が始まると同時に、子どももまた序列化されていった。しかし、高い頭脳は一握りしか要らない。

　諏訪哲二はいう、「『やればできる』という呪文ほど残酷なものはない」。現代は、日本独特の終身雇用制は徐々に崩され、肉体労働や単純労働は、派遣会社を通じての不安定な雇用制度に転じてきている。さらにフリーターなどと称して時代の先を行くがごとくの労働形態は、実際は臨時労働者としての不安定な身分でしかない。不況というが、それは人手が余っているということだ。そうして、少ない仕事にありつけるのは、仕事ができ

る者ではなく、誰とでも仲良くできる者なのである。「根アカ」と「根暗」という性格傾向の判断基準があり、根が明るくて人付き合いの良い人が好まれるとされる。これは、労働の質がその人しかできない「職人芸」から、誰にでもできる「分業化」へと変化し、仕事よりも対人関係が重視されるようになったことに起因している。

　ＮＨＫ放送文化研究所が行なった調査によると、「仕事の相手」という設問に対して、

１．多少付き合いにくいが、能力のすぐれた人〈能率志向〉
２．多少能力は劣るが、人柄のよい人〈情緒志向〉

の二つの選択肢のうち、望ましいほうを選んでもらった結果、２の情緒志向を71％の人が、１の能率志向を25％の人が選んだ[25]。このことから、能率が優先される場であるはずの「職場」において情緒志向つまり対人関係を求めていることが解る。

　新聞の若者投書欄に次のような投書が載っていた。

> 　私は携帯電話を持っています。私たちのクラスは八割の子が持っています。私はいつでも親に連絡が取れるようにと、携帯を買ってもらいましたが、それは表向きで、結局は『携帯を持つ』という流行でしかないのです。ルーズソックスのようなものです。流行に逆らうのには勇気がいります。学校に規則があるように、私たちにも"友達関係"という見えない規則があるのです。それが形となって表れたのが携帯やルーズソックスです。何でも話し合える真の友情よりも、今は薄っぺらい友達関係が強いのです。その中で過ごしていくには携帯やルーズソックスにしばられた"規則"が必要です。私たちを大目に見てください。[26]

上辺だけの人間関係に悩んでいる子どもの姿が目に浮かんでくる。大衆消費社会では、人々は、モノによってしかセルフ・アイデンティティを確認できない。人は他人をみながら、あるいは過去の自分をみながら、それよりもよいモノを求める。現代では、人付き合いとは、自分のための規準となる道具に過ぎない。しかし、真の豊かさとは、人と人との関係である。人は自分の物差しではなく、本当に心から付き合える友人でなければいけない。そのためには、自分の仕事に誇りを持って働くことのできる「自分」でなければならない。それゆえ、人付き合いが悪く頑固一徹だが仕事は出来る「職人」の復権を図り、上辺だけの人間関係に流されない個人を育成する必要がある。

　ドイツはマイスター制度（職長制度）が盛んな国であり、手に職をつけようとする階層の子どもは、のんびり学校に通うことなく、親方の許で職業的訓練に励むのが通例であったから、彼らは学校に籍を置きながら徒弟修業に励んだ。今でもドイツの学校では高校レベルになると、職場で働きながら、パートタイム的に学ぶ。職場で身につけた技能、マイスターの評価が、学校の単位になるのである[27]。このようなことが児童自立支援施設においても、可能にならないだろうか。作業指導が、学校の単位として認定を受けることができるような、弾力的な学校教育を望むものである。

　児童自立支援施設に入ってくる子どもの多くが、中学卒業後就職しようとしても、職種が限られ、半熟練ないし不熟練の職種に就くために、多くの者がその後に退職したり解雇されたりしてしまう。さらに現代は、熟練職種に徒弟工として入職する道が狭くなり、技能形成の機会が失われてしまっている[28]。ひとつには、もちろん学歴もあるのだが、年齢で仕事の内容が制限されてしまっていることが大きい。だから、中学校を卒業して就職する子どもは、半熟練ないし不熟練の職種を転々として、ある程度の年齢になってから腰を落ち着けて就労し始めるといった傾向が見られる。しかし、家庭基盤の弱い施設の子どもにとって、年端の行かないこの時期に身を持ち崩さず働き続けるのは困難に等しい。

　そこで、筆者は、児童自立支援施設の子どもの就職に際してひとつの

第六章　実践Ⅲ――プログラム　143

案を試みる。それは、中学卒業後すぐさま就職退園させるのではなく、在園しながらある一定の期間だけ就労させるという方法である。いわゆる季節労働である。具体的には、夏の間だけの「北海道のコンブ漁」か「沖縄のさとうきび刈」などである。一定期間の措置停止を繰り返しながら、18歳まで繋ぎたい。

＊今後の中学校を卒業した子どもの就職計画案

18歳まで、季節労働と在園生活を繰り返す。
　一旦就職してしまうと、非熟練工として仕事を継続する閉塞感に、多くの者が挫折する。現在の仕事に期限があるという安心感に、余裕をもって取り組める。

その場合、学園から通勤するのではなく、住み込みで就労する。
　施設生活を経験している子どもにとって、住み込み就労は最もふさわしい就労形態だといえる。一般の子どもではできない「付加価値」で差異をつける。

非日常的な作業を経験させる。
　土木作業員や調理見習しかないという発想から転換し、普段ではできないような作業を斡旋する。具体的には、農林漁業、伝統工芸の道を考えている。「流汗悟道」の一次産業の分野と、例えば滋賀県なら、地場産業である仏壇製作、木地師、陶芸など、技能の修得を必要とする分野である。また、地方ごとに異なった季節労働の仕事があり（たとえば、徳島県では鳴門のワカメ漁が冬場にあるという）、各児童自立支援施設が協力して情報交換すれば、様々な職種が斡旋できると思う。

失敗するまで復園を延期するのではなく、一定期間後は必ず復園させる。
　良好な就労状況の場合、多くは「様子を見る」といって、そのままにし

がちであるが、予定期間を延長した直後に問題が発生することがあり、一旦緊張を緩和させる必要がある。

　従来は一旦就職させてしまうと、アフターケアの多くが施設外で行なわれてきていた。しかし、子どもたちは転職を繰り返すということを前提に、逆に多くの職種体験を施設に籍を置いたまま行なうというのが主旨である。

　児童自立支援施設の子どもたちの多くは、勉強が苦手で、学力に頼らないで身を立てたいと思っている。そしてたいていは、土木作業員や調理見習といった単純労働者として就職していく。そうではなく、施設にいるあいだに様々な職業体験をして、職業観の幅を広げさせたい。そして、ある程度年齢を重ねてから技能を必要とする職業に就くことが望ましいと思う。

【注・引用文献】

1)　硯川眞旬「グループワークの援助媒体」大塚達雄他編『グループワーク論』ミネルヴァ書房、1986年、73頁。
2)　田澤薫『留岡幸助と感化教育』勁草書房、1999年、78頁。
3)　西嶋嘉彦「児童自立支援施設を言語化する」全国児童自立支援施設協議会『非行問題』207号、2001年、124頁。
　　西嶋は、「癒し」や「意見表明」などの視点を持って処遇に当たるべき意識の切り替えが必要という。
4)　田澤薫、前掲、64頁。
5)　留岡幸助『家庭学校第二編』警醒社書店、1902年、59頁。
6)　全国教護院協議会『教護院運営ハンドブック』三和書房、1985年、148頁。
7)　硯川眞旬、前掲、74頁。
8)　小嶋直太郎「わが歩みし教護院教育の道」全国教護院協議会編『非行問題』200号、

終　章　　今後の課題

　児童自立支援施設に学校教育が導入されたが、それはこの施設の子どもたちに必要な社会的スキルのひとつだといえる。しかし、スキルを身につけるかどうかは、子どもと援助者との信頼関係の構築にかかっている。スキルを受け入れやすい状態にまで子どもと信頼関係を結ぶことが、この施設の最大の援助目的である。今まで児童自立支援施設の援助においては、社会に出てから必要なものという視点から、社会的スキルの獲得を目的にしていた。しかし、スキルを獲得するためには、子ども自身に受け入れの状態が整っていなくてはならない。その状態さえ整えば、水が砂に吸い込まれるがごとく、身につけていくものである。

　学習指導は、そのうちのひとつであるが、「システムの網の目をできるだけ細密にすることで、子どもに善をなす」[1]という発想を背景に、学校教育が児童自立支援施設に導入された。信頼関係の構築のためには二人の援助者の深いかかわりを重要とする、本書の主旨からすれば、逆行している。しかし、こうも言えよう。児童自立支援施設の内部システムのなかに学校という外部システムが導入されたがゆえに、さらに「信頼関係の構築」のための援助が強調されることになったと。

　本書の出版後、2004（平成16）年に児童福祉法が、再度一部改正された。
　この改正は、急速な少子化の進行等を踏まえ、総合的な次世代育成支援対策を推進するため、児童虐待等の問題に適切に対応できるよう児童相談に関する体制の充実等を図るとともに、慢性疾患にかかっている児童に対

する医療の給付を創設する等の措置を講じようとするものである。[2]

　児童虐待への対応については、2000年の児童虐待防止法の施行以来も、子どもの命が奪われる等重大な虐待事件が後を絶たず、また、児童相談所における虐待に関する相談件数も増加を続け、2004年度には児童虐待防止法が施行される直前の約3倍以上に当たる3万2979件（速報値）となるなど、児童虐待問題は依然として早急に取組みむべき社会全体の課題となっている。こうした状況を踏まえ、児童虐待防止対策等の充実を図るための「児童福祉法の一部を改正する法律」が、同年11月26日に成立、12月3日に公布された。主要な改正事項は以下のとおりである。[3]

(1) 児童相談体制の充実
①市町村と都道府県（児童相談所）の役割分担と連携

　児童相談に応じることを市町村の業務として法律上明確にし、市町村において、母子保健サービスや一般の子育て支援サービス等をはじめ、虐待の未然防止・早期発見を中心に積極的な取組みみを求めつつ、都道府県（児童相談所）の役割を、専門的な知識及び技術を必要とする事例への対応や市町村の後方支援に重点化する。

②要保護児童対策地域協議会

　保護を必要とする子ども等に関し、関係者間で情報の交換と支援の協議を行う機関として「要保護児童対策地域協議会」を法的に位置づけるとともに、その運営の中核となる調整機関を置くことや、地域協議会の構成員に守秘義務を課すこととした。

(2) 児童福祉施設、里親等のあり方の見直し
①年齢要件の見直し

　乳児院については、「保健上、安定した生活環境の確保その他の理由により特に必要のある場合」には幼児（1歳以上小学校就学前の子ども）を
　児童養護施設については、「安定した生活環境の確保その他の理由により特に必要のある場合」には乳児を、それぞれ入所させることができるこ

ととした。

②監護、教育又は懲戒に関する里親の権限の明確化

里親についても、児童福祉施設の長と同様に、監護・教育・懲戒に関し、子どもの福祉のため必要な措置を採ることができることを明確化した。

(3) 要保護児童に係る措置に関する司法関与の見直し

①家庭裁判所の承認を得て行う措置の有期限化

保護者の意に反し家庭裁判所の承認を得て行う児童福祉施設への入所等の措置についての期限は、原則2年を限度とする。ただし、家庭裁判所の承認を得て、その期間を更新することができることとした。

②保護者の指導に関する家庭裁判所の勧告

家庭裁判所は、施設入所等の措置を承認する審判を行う場合において、当該措置の終了後の家庭その他の環境の調整を行うために、保護者に対し指導措置を採ることが相当であると認めるときは、当該保護者に対し、指導措置を採るべき旨を都道府県に勧告することができることとした。

(4) その他

上記のほか、児童相談所職員の資質の向上、児童福祉施設を退所した者に対する援助、児童相談所長が親権喪失の宣告を請求できる者の拡大などを盛り込んでいる。

また、今回の改正にあわせ、児童福祉司の配置基準の見直し、児童福祉施設の最低基準の見直し（施設職員による虐待防止等の禁止、施設職員の秘密保持義務、施設職員の専門性の向上、個々の入所児童等に対する自立支援計画の策定、苦情解決における第三者委員の設置に関する規定の整備）などを行い、児童相談及び虐待を受けた子どもの保護・支援体制の強化を図ることとした。

44条は、施設を退所した子どもに対する援助が規定され、以下のとおりになった。

児童自立支援施設は、不良行為をなし、又はなすおそれのある児童及び家庭環境その他の環境上の理由により生活指導等を要する児童を入所させ、又は保護者の下から通わせて、個々の児童の状況に応じて必要な指導を行い、その自立を支援し、あわせて退所した者について相談その他の援助を行うことを目的とする施設とする。

2005年には、厚生労働省に「児童自立支援施設のあり方に関する研究会」が設置され、2006年2月に報告書がまとめられた。
それによると[4]、

(1)「基本的な考え方」とは

「枠のある生活」とは『児童自立支援施設の将来像』(全国児童自立支援施設協議会・2003年)にもあるように「入所前に長期にわたって不規則な生活をしてきていることが多く、生育歴の中で、大人から成長に不可欠な十分な愛情と逸脱行動に対する盾となるべき対応を受けた経験に乏しい傾向にある」子ども達に対して、決して押し付けではなく、「規則正しい生活を営むことを習慣づけることから出発する必要」があると明記されている。そして、児童自立支援施設は虐待などから非行に走った多くの子ども達の、「育て直し」の場でもある。ともかく時代が変わっても「基本的な考え方」とは感化院、教護院から引き継がれた長い歴史に裏づけられた感化教育の再確認に他ならない。

(2) 自立支援機能の充実・強化を図る

子どもの自立支援の充実とは、児童自立支援施設に限った問題ではなく児童相談所や他の児童福祉施設においても実施されなければならない。具体的には「子ども自立支援計画ガイドライン」で示された「子ども家庭総合評価票」など積極的に活用すべしと提示されている。しかし、「切れ目のない、連続的な支援」という視点から考えるならば、児童相談所と児童自立支援施設の協働が最も重要な視点となる。

(3) リービング・ケア及びアフターケアについて

現在、多くの児童自立支援施設が、「自立支援寮」など中卒児処遇に対して、対応してきている。しかし、そのような対応が施設内にできなくとも自立援助ホームや職業指導を行う里親等、NPO法人団体との連携も強調されている。地域の中で、施設退所後の子ども達を受け入れる体制を改めて構築しなければならないということである。

(4) 学校教育について

現在、児童自立支援施設の学校教育の導入が58施設中31施設である。そして、学校教育導入に踏み切れない要因も検討された。被虐待経験や発達障害等を有する子ども達も多く児童自立支援施設に入所している。杉山登志郎医師は、児童自立支援施設は、発達障害を有する子ども達に対して、愛着を形成できる愛着対象の提供、医師との協力により、薬物療法による衝動コントロール刺激の軽減できる生活の構造化、悪循環の断ち切り、解離に焦点を当てた精神療法の実施、学習指導と内省の促進、運動、作業療法などの援用は最も有効な機能であると報告した。

(5) 非行と向き合う──修復的な試み

近年、少年司法領域に置いても「修復的」司法の試みが多く行われるようになってきている。少年院においても、その実践プログラムが紹介され、効果をあげている。今後、この延長線上に児童自立支援施設でも、自ら起した非行に対し、「修復的」な実践が行われることも報告書にもあるように、重要な視点となる。しかし、児童自立支援施設の特殊性に十分配慮し行われるべきである。少年院等で実施されてきたプログラムの安易な援用は、子どもを追い込む危険がある。

(6) 設置運営主体について

一部、地方公共団体から、児童自立支援施設の「公設公営」の維持が困

難な状況があるとの提起が、内閣府に対して行われた。本研究会の設置目的の中にも、これを受けて、一定の見解を示すことが求められたと認識している。報告書では、あらゆる視点から「公設公営の堅持」を総意とした。

このように、「あり方研究会」は、児童自立支援施設の方向性についての大枠を確認した。それならばこそ、どのように子どもを援助するのかという方法はまさにこの施設のあり方の基本線であり、本書の意図は正にそこにある。

2003年9月に発表された「少年非行対策のための提案」[主宰：鴻池祥肇経済特区担当大臣・青少年育成推進本部副本部長（当時）]では、児童自立支援について「施設入所という名前はついていても、その機能は十分には果たされていない」、「少年院で使われている効果のある指導方法の取り入れなどによる指導力の強化が必要である」などの主張がなされた（「少年非行対策のための検討会」2003：4-15）。倉持史朗は、児童自立支援施設の現状に関する研究は多岐にわたるものの、実践に関する研究、つまり「児童自立支援専門員は、児童の自立支援をつかさどる」（児童福祉法施行令第36条第3項）という法規定の内実を問われることは少ない。したがって、先ほどの「提案」による施設や実践に対する評価についてもほとんど根拠は存在しないと考えても差し支えなかろう。しかし、このような根拠のない主張・評価・イメージが一人歩きをしていくことは、児童自立支援施設にとって望ましいものではない[5]、と指摘するように、実践に関する研究が少ないがゆえの誤解が多分に影響している。

児童自立支援施設の援助技術は、人間相手であるがゆえ、微妙なニュアンスを他の援助者に伝えることが難しく、援助者個人の名人芸にとどまっている。筆者の思いは、個人的な援助技術を言説化し理論づけることによって、児童自立支援施設全体の援助技術を理論化するその端緒となりたいということである。

援助の技術は、それぞれの援助者が持つコツを共有できてこそ、有効に

作用するものである。しかしその方法論を、それぞれの援助者が言説化することは、過去できなかったように難しいことである。

　現在「児童自立支援施設におけるアセスメントとケア」研究[6]が武蔵野学院の富田拓を中心に行われている。この研究は、児童自立支援施設における児童のアセスメントの意味、そのあり方について検討を行ったうえで、全国の児童自立支援施設で使用することのできるアセスメントツールを、児童自立支援施設の直接指導職員の経験を集約する形で開発することにより、これまで存在していなかった、児童の処遇による生活の変化を捉えるための共通の指標を得ることを目的としている。生活モデルにおける有効なアセスメントのひとつのツールとして、これまでほとんど統一されたもののなかった、児童の生活そのものをはかる評価票「生活ものさし」を提供しようとするものである。このことは、より効果的な児童のケアに資するとともに、全国の児童自立支援施設の連携と援助の共通化を目指すものとして、有用なものになるに違いない。

　また、倉持史朗は、「児童自立支援施設の職務に関する研究[7]」のなかで、ある児童自立支援施設を対象に、かなり詳細な職務（ワーカーが担うべき共通の業務と目的）の分析を行っている。倉持は、職務情報の収集に当たって観察法及び質問法を用いて、一日一人の職員の始業時間から実質的な就業時間までの仕事内容を詳細に観察し、さらに一時間程度の面接を行って観察内容を補完している。その結果、各職員が実際に行った課業（task）を集計すると、190の課業（task）を抽出・確認することができた（重複した課業を含む）[8]という。そのことから、「児童のパターン化された（規則正しい）活動に混乱等が生じないように、どの職員においても指導場面を中心とした課業遂行の際には、一貫した手順と態度が示される」と援助の共通性を評価している。しかし、「一連の課業のなかには複数の目的が含まれている。これにより児童に対するある一つの指導が複数の目的をもって行われているという点と、職員によって指導を行う際の目的や意図が異なるという二点」を指摘しているように、「何のための援助か」という指標を持つことが重要であることを示唆している。

したがって筆者は、今後自分の援助技術の言説化にとどまらず、フィールドワークなどを通じて多くの秀でた技術を言説化したいと思う。そしてその情報発信こそ、この施設の本当の開放化であると思うのである。

【注・引用文献】

1) 上野加代子『児童虐待の社会学』世界思想社、1996 年、139 頁。
3) 愛育ねっとトピックス「『改正児童福祉法』成立」日本子ども家庭総合研究所、2004 年 12 月。
   https://www.aiiku.or.jp/aiiku/jigyo/contents/topics/tp0412/tp0412_0.htm
3) 相澤仁「子ども虐待防止等要保護児童対策の推進に向けて」愛育ねっとトピックス、日本子ども家庭総合研究所、2006 年 2 月。
   https://www.aiiku.or.jp/aiiku/jigyo/contents/kaisetsu/ks0602.htm
4) 小木曽宏「児童自立支援施設のあり方に関する研究会」愛育ねっとトピックス、日本子ども家庭総合研究所、2005 年 10 月。
   https://www.aiiku.or.jp/aiiku/jigyo/contents/topics/tp0510/tp0510_2.htm
5) 倉持史朗「児童自立支援の職務に関する研究」同志社大学社会学会「評論・社会科学」第八十号、2006 年、1-35 頁。
6) 富田拓「児童自立支援施設におけるアセスメントとケア」分担研究報告書、厚生労働科学研究費補助金（子ども家庭総合研究事業）児童虐待等の子どもの被害、及び子どもの問題行動の予防・介入・ケアに関する研究、2007 年 3 月。
7) 倉持史朗、前掲。
8) 倉持は、さらに各々の課業が有する目的や機能の共通性に着目してグルーピングを行い纏め上げ、18 の単位業務（set of tasks）を設定している。
   （①起床・就寝指導、②食事指導、③生活環境整備指導、④登校・帰寮指導、⑤保健医療に関する指導、⑥個別指導（生活場面・無断外出時）、⑦日記指導・反省会、⑧入浴指導、⑨余暇指導、⑩学習指導、⑪作業活動指導、⑫クラブ指導、⑬行事、⑭施設内における他職種へのサポート、⑮施設内の連絡調整、⑯他機関との連絡調整、

黒沼克史『少年法を問い直す』講談社、2000 年
桑原洋子他編『実務注釈　児童福祉法』信山社、1998 年
厚生省児童家庭局『子ども虐待対応の手引き』財団法人日本児童福祉協会、1999 年
児玉昭平『被害者の人権』小学館、1999 年
小林英義『児童自立支援施設とは何か』教育史料出版会、1999 年
小林康夫・船曳建夫編『知の論理』東京大学出版会、1995 年
小松美彦『自己決定権は幻想である』洋泉社、2004 年
齋藤勇『人間関係の心理学』誠信書房、1983 年
佐伯啓思『「欲望」と資本主義』講談社、1999 年
佐伯啓思『自由とは何か──「自己責任論」から「理由なき殺人」まで』講談社現代新書、2004 年
坂野雄二『認知行動療法』日本評論社、1995 年
相良敦子『幼児期には２度チャンスがある』講談社、1999 年
櫻田淳『「福祉」の呪縛』日本経済新聞社、1997 年
佐々木嬉代三『社会病理学と社会的現実』学文社、1998 年
澤田健次郎編『社会福祉方法論の新展開』中央法規出版、1998 年
澤登俊雄『少年法』中公新書、1999 年
塩野谷祐一・鈴村興太郎・後藤玲子編『福祉の公共哲学』東京大学出版会、2004 年
杉山尚子・島宗理・佐藤方哉『行動分析学入門』産業図書、1998 年
鈴木乙史『性格形成と変化の心理学』ブレーン出版、1998 年
諏訪哲二『〈平等主義〉が学校を殺した』洋泉社、1997 年
全国教護院協議会『教護院運営ハンドブック』三和書房、1985 年
全国児童自立支援施設協議会『児童自立支援施設運営ハンドブック』三学出版、1999 年
仙田満『子どもとあそび』岩波書店、1992 年
高橋勝『学校のパラダイム転換』川島書店、1997 年
竹内愛二『社会福祉の哲学──新実存主義的考察』相川書房、1979 年
武田建『カウンセラー入門』誠信書房、1984 年
武田建『コーチング──人を育てる心理学』誠信書房、1985 年
武田建『最新コーチング読本』ベースボール・マガジン社、1997 年
田澤薫『留岡幸助と感化教育』勁草書房、1999 年
立木茂雄『家族システムの理論的・実証的研究』川島書店、1999 年
田口ランディ『もう消費すら快楽じゃない彼女へ』晶文社、1999 年
辻創『父親のしつけ　七つの実践』草思社、1998 年
辻井正次『広汎性発達障害の子どもたち』ブレーン出版、2004 年

土井隆義『〈非行少年〉の消滅——個性神話と少年犯罪』信山社、2003 年
徳岡秀雄『社会病理を考える』世界思想社、1997 年
留岡幸助『感化事業之発達』警醒社書店、1897 年
留岡幸助『家庭学校』警醒社書店、1901 年
留岡幸助『家庭学校第二編』警醒社書店、1902 年
留岡幸助『自然と児童の教養』警醒社書店、1924 年
永沢光雄『AV 女優』文藝春秋、1999 年
中根千枝『タテ社会の人間関係』講談社、1967 年
西田美昭・加瀬和俊『高度経済成長期の農業問題』日本経済評論社、2000 年
日本少年教護協会編『少年教護法の解説』日本少年教護協会、1934 年
日本少年教護協会編『少年教護事業に就いて』日本少年教護協会、1939 年
土師守『淳』新潮社、1998 年
蜂屋良彦『集団の賢さと愚かさ』ミネルヴァ書房、1999 年
林道義『父性の復権』中央公論社、1996 年
原純輔・盛山和夫『社会階層　豊かさの中の不平等』東京大学出版会、1999 年
原田隆史『カリスマ体育教師　原田隆史の特別講義　夢を絶対に実現させる方法！』日経BP社、2005 年
平山尚・平山佳須美・黒木保博他『社会福祉実践の新潮流』ミネルヴァ書房、1998 年
広田照幸『日本人のしつけは衰退したか』講談社、1999 年
藤井常文『福祉の国を創った男　留岡幸助の生涯』法政出版、1992 年
古川孝順編『社会福祉 21 世紀のパラダイムⅠ』誠信書房、1998 年
舛田光洋『「そうじ力」であなたが輝く！』総合法令出版、2006 年
松本眞一『少年保護と児童福祉』相川書房、1995 年
松原隆一郎『消費資本主義のゆくえ』筑摩書房、2000 年
三浦慈圓『少年教護法の解説と教護教育』東陽書院、1935 年
三浦朱門『日本人をダメにした教育』海竜社、1998 年
見田宗介『現代社会の理論』岩波書店、1996 年
宮崎哲弥『「自分の時代」の終わり』時事通信社、1998 年
宮本光晴『変貌する日本資本主義』筑摩書房、2000 年
室田保夫『留岡幸助の研究』不二出版、1998 年
室田保夫『キリスト教社会福祉思想史の研究』不二出版、1994 年
森井淳吉『「高度成長」と農山村過疎』阪南大学叢書 45　文理閣、1995 年
薬師寺幸二『永山則夫　聞こえなかった言葉』日本評論社、2006 年
山脇勝『子どもに共感する心——児童自立支援施設職員からの便り』法政出版、1997 年

千輪性海……………………………20
辻光文………………………… 136
辻創…………………………… 119
Demetz, M……………………………40
徳岡秀雄……………………………80
富田拓………………………… 153
Thomlison, B. ……………………93
留岡幸助…… 19-22, 24-25, 40-41, 50, 69, 91, 103-105, 131-132, 135

ナ行

永沢光雄……………………………41
中根千枝……………………………52
中村正直………………………… 19, 68
生江孝之……………………………19
二井仁美………………………… 103
西嶋嘉彦……………………………70
西野勝久……………………………35
野田正人………………………… 40, 68

ハ行

蜂屋良彦………………………… 107
服部元良……………………………20
浜田進士……………………………56
林道義………………………………60
林義則………………………… 106
原胤昭………………………………20
原田義彦……………………………91
針替直哉……………………………61
Bales, R. F.………………… 107, 123
Howard, J. ………………… 21, 104
Bandura, A. ………………… 82, 94
広田照幸………………………… 54, 90
Zimbardo, P. G.………………… 120
Foucault, M ……………………38

Brockway, Z. R. ……………………21
Hare, A. ……………………… 108
Bateson, G.………………………… 12, 90
Verba, S. ……………………… 108
Bowlby, J. ……………………… 60, 89
Poulson & Kymissis……………………94

マ行

舛田光洋………………………… 120
松平定信……………………………17
三浦朱門……………………………39
見田宗介………………………… 120
三宅和夫………………………… 80, 94
Morrison, W.D. ……………………40
森山公夫……………………………57
Montessori, M. …………… 13, 92, 93, 97

ヤ行

山内弘継………………………… 121
山本忠次郎……………………………21
横田恵子……………………………56
米沢禎………………………… 133

ラ行

Redle, F ……………………………92
Lonergan, B. ……………………………82

ワ行

Wines, E. C. ……………………………19

索引（事項）

ア行

愛着……………………… 89, 114, 127
アスペルガー障害……………… 77, 79
アタッチメント理論………………60
居心地……………… 14, 103, 118
インフォームドコンセント………83
withの精神…………… 13, 94-95
内なる自然……………… 135-136
SSM調査……………………84
エルマイラ感化監獄………… 21, 23
エンパワメント………………109
O157 ……………………41

カ行

学校の黄金期………………52
家庭裁判所………… 5, 71-72, 149
感化事業之発達……… 21, 104
監獄則…………………… 18, 25
矯正院………………… 26-27, 29
国親思想………………… 23-24, 44
グループワーク…… 103-108, 131-132
形成化……………………96
行動的禁欲………………51
行動論的ソーシャルワーク…… 91, 93
校内暴力…………………… 6, 56
子どもの権利条約……… 83, 85

サ行

サイレントマジョリティ………48
三能主義……………………131
自己効力感……………… 82, 97
自己防衛……………… 92, 114
自助論………………………68
実践の科学化………………11
児童虐待……… 4, 43-44, 49, 53, 55-57
児童相談所…… 5, 35-37, 48-50, 53, 68, 71, 76-77, 148-149
児童福祉法…… 5, 30, 47, 49, 67-69, 72, 105, 147, 152
ジニ係数……………… 54-55
社会階層……………… 43, 54
社会的スキル…… 14, 85, 92, 96, 133, 147
自由保育……………………93
準ずる教育……………… 37, 45
小舎夫婦制…… 13, 44, 103, 105-106, 119
少年法………… 6, 26-27, 29, 68-69
消費の主体……………… 4, 84, 140
人格改造……………… 3, 49, 51, 55
スティグマ…… 27, 37, 39, 48, 69, 109
生活ものさし………………153
セツルメント運動………………105
全人教育……………… 45-46, 132
贈与関係……………………5-7
ソシオグラム………………123

タ行

大衆消費社会…… 11, 38, 48, 83-84, 120, 140
対処不可能性……… 83, 90, 96
ダブルバインド……… 12, 90, 96
淡海学園…… 23, 36, 41, 46-47, 71, 118-119, 136
秩序感………………………92
懲矯院………………………19

著者略歴

岩本 健一（いわもと・けんいち）

1959年2月	奈良県橿原市生まれ。
1982年3月	関西学院大学社会学部社会学科（武田建ゼミ）卒業。
1983年4月	神戸市民生局児童相談所勤務。
1992年7月	滋賀県立淡海学園（児童自立支援施設）に転身。
現在に至る。	
2001年9月	同志社大学大学院文学研究科社会福祉学専攻博士前期課程（岡本民夫ゼミ）修了。 社会福祉学修士（同志社大学）。

児童自立支援施設の実践理論 ［改訂版］

2003年3月31日初版第一刷発行
2007年8月10日改訂版第一刷発行

著　者　岩本健一
発行者　山本栄一
発行所　関西学院大学出版会
所在地　〒662-0891　兵庫県西宮市上ケ原一番町1-155
電　話　0798-53-5233

印　刷　協和印刷株式会社

©2007 Kenichi Iwamoto.
Printed in Japan by Kwansei Gakuin University Press
ISBN 978-4-86283-016-6
乱丁・落丁本はお取り替えいたします。
本書の全部または一部を無断で複写・複製することを禁じます。
http://www.kwansei.ac.jp/press